ENTWICKLE DEINE STÄRKEN

Don Clifton
(1924–2003)

Der Begründer des CliftonStrengths® Assessment erhielt die Auszeichnung »Presidential Commendation« von der American Psychological Association in Anerkennung seiner Verdienste als Begründer der stärkenorientierten Psychologie.

Hinweis:
Im Jahr 2017 hat Gallup den Namen des StrengthsFinder Assessment in CliftonStrengths Assessment zu Ehren von Don Clifton, dem Erfinder der Bewertung und Begründer der stärkenorientierten Psychologie, umbenannt.

GALLUP

ENTWICKLE DEINE STÄRKEN

Der StrengthsFinder 2.0

Mit persönlichem
Zugangscode zum
CliftonStrengths®Assessment

Aus dem Englischen von Geraldine Diserens

Campus Verlag
Frankfurt/New York

Die englische Originalausgabe erschien 2007 bei Gallup Press unter dem Titel
StrengthsFinder2.0.
© 2007 Gallup, Inc. All rights reserved.
Auflage von 2021

Gallup®, CliftonStrengths®, CliftonStrengthsFinder®, Gallup Press®, Q12®, SRI®,
StrengthsFinder®, The Gallup Path®, The Gallup Poll® und die Bezeichnungen der
34 CliftonStrengths-Themen sind eingetragene Warenzeichen von Gallup, Inc.
Andere Warenzeichen sind Eigentum ihrer jeweiligen Besitzer.

Bei den Q12-Elementen handelt es sich um gesetzlich geschützte Informationen
von Gallup. Deren Wiedergabe oder Anwendung in einem Test sind nur mit
schriftlicher Genehmigung von Gallup gestattet. Copyright © 1993–1998 Gallup, Inc.
All rights reserved.

ISBN 978-3-593-51625-7 (Print)
ISBN 978-3-593-45243-2 E-Book (PDF)
ISBN 978-3-593-45242-5 E-Book (EPUB)

Trotz sorgfältiger inhaltlicher Kontrolle übernehmen wir keine Haftung
für die Inhalte externer Links. Für den Inhalt der verlinkten Seiten sind
ausschließlich deren Betreiber verantwortlich.
Copyright © 2022. Alle deutschsprachigen Rechte bei Campus Verlag GmbH,
Frankfurt am Main.
Umschlaggestaltung: total italic, Thierry Wijnberg, Amsterdam/Berlin
Umschlagmotiv: © Gallup, Inc.
Satz: Publikations Atelier, Dreieich
Gesetzt aus: Minion und Scala
Druck und Bindung: Beltz Grafische Betriebe GmbH, Bad Langensalza
Beltz Grafische Betriebe ist ein klimaneutrales Unternehmen (ID 15985–2104-1001).
Printed in Germany

www.campus.de

Inhalt

Teil I

Warum sollte ich mich selbst analysieren?

Wahrscheinlich lesen Sie dieses Buch und führen den Onlinetest durch, weil Ihr Chef oder Ihre Chefin, Ihr Teamleiter oder Ihre Mentorin Ihnen dazu geraten haben oder weil Sie selbst neugierig darauf sind. Dieser Prozess der Selbsterkenntnis, den Sie gleich durchlaufen werden, wird Sie für immer verändern. Für Millionen von Menschen ist er ihr größter Entwicklungsdurchbruch überhaupt.

Bei diesem Assessment gibt es keine falschen Antworten. Es ist somit wohl das einzige Assessment, das Sie jemals durchführen werden, wo jede Antwort die *richtige* ist. Ihr Wissen wird nicht auf den Prüfstand gestellt. Das Assessment misst das, was Sie fühlen. Es ermittelt, was Sie ausmacht. Es ist das einzige Assessment, das quantifiziert und bestimmt, was in Ihnen steckt – was Sie antreibt.

Es dechiffriert *Sie* als Naturgewalt.

Die Ergebnisse – und das ist das Besondere – bestimmen, was bei Ihnen *positiv* ist. So ein Instrument gab es noch nie, bis es Gallup erfand.

Die zugrundeliegende Recherche enthält 50 Jahre Daten und Analyse von Gallup. Der Begründer wurde einer der bekanntesten Psychologen der Geschichte – Dr. Don Clifton (1924–2003), und das Assessment wurde nach ihm benannt: CliftonStrengths.

Clifton stellte fest, dass es 34 Persönlichkeitstypen gibt. Nennen wir sie natürliche Talente. Die gesamte Bandbreite der Variation unseres Wesens liegt innerhalb dieser 34 Typen, die Stärken wie Leistungsorientierung, Wettbewerbsorientierung und Strategie umfassen. Sobald Sie Ihre Top-5-Stärken innerhalb dieser 34 kennen – und anwenden –, werden sich Ihr privates und Ihr berufliches Leben maßgeblich wandeln, da Sie Ihre Stärken ausspielen.

Das Wissen um die eigenen Stärken verändert die Art und Weise, wie die besten Organisationen der Welt Menschen und Teams weiterentwickeln: Teams in den meisten Fortune-1000-Unternehmen, in nichtstaatlichen Organisationen (NGOs) sowie in den meisten Tophochschulen in den USA. Mittlerweile führt jedes Jahr jede/r vierte angehende Studierende in den USA das CliftonStrengths Assessment durch.

Sie und Ihre Stärken als Milliarden-Dollar-Potenzial

Wenn Sie Ihre Top 5 kennen und anwenden – und während Sie den Rest Ihres Lebens damit verbringen, Teams, große oder kleine Organisationen, eine Schule, ein Kindermuseum oder ein ganzes Land mit Ihren Stärken zu prägen –, werden Sie Ihr ganzes Leben lang erfolgreich sein, wachsen und sich kontinuierlich weiterentwickeln. Ihre Führungsqualitäten wachsen und entwickeln sich immer weiter, wenn Sie Ihre Stärken entdecken und ausschöpfen.

Ihre Ausbildung, Ihre Erfahrung und Ihre Fertigkeiten sind sehr wichtig. Lernen und erleben Sie so viel wie möglich. Aber Sie werden Ihre Führungserfolge nicht optimal ausschöpfen können, bis Ihre Ausbildung, Ihre Erfahrung und Ihre Fertigkeiten in Ihre Top-5-Stärken eingeflochten sind.

Ihre Strategien für Wachstum und Entwicklung sind eng damit verknüpft, wie gut Sie Ihr Potenzial ausschöpfen. Wir haben fast alle die Möglichkeit, ein wertvolles Leben zu führen. Sie allein haben ein Milliarden-Dollar-Potenzial. Betrachten Sie Ihre Stärken als Ihre größten Vermögenswerte. Betrachten Sie Ihre Schwächen als Aufwendungen, die Sie minimieren müssen. Dann schauen Sie, wie sehr Sie *Ihre* ganz persönlichen Vermögenswerte mehren können.

Sie werden niemals eine erfolgreiche Führungskraft, wenn Sie Ihre Schwächen ignorieren. Behalten Sie jedoch Ihre Schwächen im Hinterkopf, während Sie Ihre Stärken – Ihre Vermögenswerte – kontinuierlich anwenden, dann können Sie fast alles erreichen. Sie können in der Tat Präsident oder Premierministerin eines Landes, Schulleiter von öffentlichen Schulen, Vorstandsvorsitzende eines Unternehmens, Kanzler, ein landesweit bekannter Pädagoge oder eine Ministerin, ein berühmter Autor oder eine Wissenschaftlerin oder Präsident einer gemeinnützigen Organisation oder einer Stiftung werden. Wenn Sie die richtige Strategie haben, die Sie Ihre Stärken ausspielen lässt, sind dem, was Sie führen, bauen und werden können, keine Grenzen gesetzt.

Es gibt sogar Fälle, in denen Menschen vor Freude geweint haben, als sie ihre Stärken entdeckten, weil sie nie verstanden hatten, warum sie sind, wie sie sind. Sie wussten nicht, welche großartigen Stärken überhaupt in ihnen steckten. Sie teilten uns mit, dass sie, sobald sie diese Stärken festgestellt und als Vermögenswerte aufgestellt hatten, in der Lage waren, grundlegende Veränderungen vorzunehmen, die sie glücklicher und erfolgreicher machten, als sie sich jemals hätten vorstellen können.

Der Durchbruch, den der Gallup-Wissenschaftler Dr. Don Clifton durch jahrzehntelange Recherche und klinische Experimente mit Individuen und Teams erreichte, lässt sich in seiner einfachsten Form wie folgt zusammenfassen:

Auch wenn Sie Ihre Schwächen kennen und sich darüber vollkommen im Klaren sind, werden sich Schwächen nie zu Stärken entwickeln. Punkt.

Der Gründer des modernen Managements, Peter Drucker, hat Folgendes gesagt:

»Ein Mensch kann nur mit Stärken eine Leistung erbringen. Man kann keine Leistung auf Schwäche aufbauen, geschweige denn auf etwas, wozu man gar nicht fähig ist.«

Drucker hat auch gesagt:

»Um in dieser neuen Welt erfolgreich zu sein, müssen wir zuerst lernen, wer wir sind. Wenige Menschen, auch wenn sie sehr erfolgreich sind, können diese Fragen beantworten: Wissen Sie, was Sie gut können? Wissen Sie, was Sie lernen müssen, damit Sie alle Vorteile Ihrer Stärken ausnutzen können? Nur wenige haben sich diese Fragen überhaupt gestellt.«

Sie können Ihre Stärken wirksam auf buchstäblich jede Arbeit oder Aufgabe anwenden. Obwohl Menschen ihre Stärken in der Regel auf eine berufliche Karriere ausrichten, können Sie sie genauso gut auf eine Kirche, Schule, Gemeinde, Familie oder auf Freunde ausrichten – kurzum: wenn Sie Ihre persönlichen Stärken kennen, können Sie in jedem Bereich Ihres Lebens von ihnen profitieren.

Stellen Sie sich bereits jetzt diese Frage: Bauen Sie eine Karriere und ein Leben auf, indem Sie versuchen, Ihre Schwächen zu beheben, oder indem Sie Ihre Stärken entwickeln und anwenden?

Hierzu ein Beispiel: Giselle ergatterte eine Stelle als leitende Angestellte eines Geschäftsbereichs bei einem renommierten Medienunternehmen in Washington, D.C. Sie war dazu bereit, die Abteilung in andere Sphären zu heben. Als sie dort ankam, stellte sich jedoch heraus, dass die Aufgabe vorwiegend hochrangige Verkaufsaktivitäten von ihr verlangte. Sie war die leitende Vertriebsmitarbeiterin in dieser Abteilung und benötigte Verkaufserfolge auf hohem Niveau, sonst gäbe es keine Projekte und keine neuen Umsatzerlöse – und ohne diese würden sie und der Geschäftsbereich scheitern. Somit befand sie sich in einer ernsthaften Karriere- und Lebenskrise, denn sie war eine schlechte Verkäuferin.

Giselles Problem war, dass sie Kaltakquise hasste. Allein der Gedanke, jeden Tag Organisationen anrufen zu müssen, wo sie niemanden kannte, brachte ihren Magen zum Rebellieren.

Ihr Selbstbewusstsein und ihre Spontaneität verschwanden, wenn sie eine Verkaufspräsentation hielt. Diese Schwächen würden sicherlich dazu führen, dass sie in ihrer neuen Stelle scheitern würde.

Zu ihren Stärken gehörte jedoch das Talent, dass sie Menschen gerne komplizierte Konzepte vermittelte. Es machte ihr Spaß,

Menschen zu helfen, komplexe aktuelle Ereignisse zu verstehen, die sowohl ihre eigenen Arbeitsstellen als auch die Zukunft ihrer Organisationen beeinflussten. Sie genoss es, alles zu lesen und anschließend sehr klugen Menschen zu helfen, bisher nie verstandene Konzepte zu verstehen.

Wenn das Leben Sie an einen dunklen Ort führt, sind Ihre Stärken immer Ihr bester Freund. Sie finden Ihren Weg durch die Finsternis nur dann, wenn Sie Ihre Stärken annehmen.

Giselle wandte sich an einen langjährigen Mentor, der erfolgreiches Karrierecoaching durch CliftonStrengths praktizierte, und er gab ihr den folgenden Rat: »Warum erfüllen Sie nicht die Verkaufsrolle Ihrer neuen Führungsposition, indem Sie Menschen helfen, komplizierte Konzepte zu verstehen – welche, von denen sie dachten, dass sie sie nie verstehen würden? Genauso, wie Sie es bei mir machen. Wenn Sie Ihr Meeting mit Ihren potenziellen Kunden betreten, verkaufen Sie durch die Anwendung Ihrer Stärken. Fangen Sie an, Sie zu *unterrichten*, statt ihnen etwas zu verkaufen. Fangen Sie einfach an, Ihnen zu helfen, etwas scheinbar Unmögliches zu lernen, was sie dringend wissen sollten, genauso, wie Sie es bei mir über Jahre hinweg gemacht haben.«

Er riet ihr weiter: »Beeinflussen Sie sie mit Ihren Stärken Wissbegier, Kommunikationsfähigkeit und Einzelwahrnehmung. Bringen Sie ihnen etwas bei, was ihnen hilft, ihre Arbeit besser zu machen, und Sie werden nicht aufhören, von Ihnen zu kaufen.«

Giselle folgte seinem Rat, und die Umsätze ihrer Abteilung schossen nach oben. Sie musste sogar 100 neue Fachkräfte einstellen. Als andere beobachteten, wie sie ihren Job machte, bemerkten sie: »Giselle ist eine talentierte Führungskraft mit meisterhaftem Verkaufstalent – sie kann alles leiten.« Giselle machte schnell Karriere.

In Wirklichkeit hatte Giselle das Potenzial, eine starke Führungskraft zu werden, doch hätte sie diese Gelegenheit verpasst, wenn sie den Job nicht durch die Linse ihrer Stärken gesehen hätte, sondern durch die ihrer Schwächen.

Es gibt immer eine Strategie der Stärken, sowohl bei der Arbeit als auch im Leben.

Die Durchführung des CliftonStrengths Assessments ist ein großartiger erster Schritt. Vielleicht gibt es auch einen Stärkeexperten, der Sie coachen kann. Denn mit einem hochwertigen Coaching ist die Wahrscheinlichkeit viel höher, dass Sie einen lebensverändernden Durchbruch erzielen.

Es gibt nicht nur eine Führungsmethode

Der größte Durchbruch, den Gallup zum Thema Führung gemacht hat, ist dieser: Es gibt nicht nur eine Führungsmethode. Es gibt Millionen Kombinationen von Stärken, die großartige Führungspersönlichkeiten anwenden – Bill Gates führt mit ganz anderen Stärken als Oprah Winfrey. Jeff Bezos führt mit ganz anderen Stärken als Elon Musk oder Jay-Z. Es sind alle großartige Teamleiter, die einen riesigen Einfluss auf ihr Land und auf die Welt ausüben – aber sie führen auf ganz unterschiedliche Arten.

Der größte Beitrag Don Cliftons zur Führungswissenschaft war seine Feststellung, dass es keinen allgemeingültigen Typus einer großartigen Führungskraft gibt. Großartige Führungskräfte führen aus ihren einzigartigen Stärken heraus, nicht aus dem Versuch, jemand zu werden, der sie *nicht* sind.

Wenn Sie ein Team führen, egal auf welcher Unternehmensebene, wird sich der Erfolg dieses Teams mehr als verdoppeln, wenn Sie Ihre eigenen Stärken klar im Hinterkopf behalten. Das hebt Sie auf eine ganz neue Ebene als Führungskraft – lediglich, indem Sie Ihre Stärken kennen und anerkennen.

Wenn Sie eine Ebene höher steigen möchten, sollten Sie die Stärken eines jeden Teammitglieds bewerten und diskutieren, und Sie sollten die Stärken eines jeden Einzelnen kennen.

Es gibt eine noch höhere Ebene – nennen wir sie »Ebene drei« der Teamführung. Auf Ebene eins, kennen die Teamleiter ihre Stärken und führen damit. Und auf Ebene zwei kennen sowohl der Teamleiter als auch jedes einzelne Teammitglied die eigenen Stärken. Auf Ebene drei kennen sowohl der Teamleiter als auch jedes einzelne Teammitglied die eigenen Stärken *sowie* die Stärken der anderen.

Ein Ebene-drei-Team verfügt über das Potenzial, eines der leistungsstärksten Teams der Welt zu werden. Das beruht auf der Tatsache, dass die Stärkenwissenschaft mit dem *Individuum* anfängt, und das ist die einzige Möglichkeit, um das Potenzial eines jeden Teams in jeder Mission mit hohem Zweck und hochgesteckten Zielen voll auszuschöpfen.

Wenn Sie Ihre CliftonStrengths kennen, sollten Sie sich fragen, wie Sie Ihre Top-5-Stärken nutzen können, um Teams aufzubauen, die wirklich etwas bewegen werden.

Wenn Sie Ihre Stärken ausspielen, sind dem, was Sie tun und wie Sie führen können, keine Grenzen gesetzt.

Ihre Organisation, Ihre Stadt, Ihre Familie und Freunde, alle brauchen Sie, damit Sie diesen Beitrag leisten, um die nächste große Zukunft für die Menschheit zu erfinden und aufzubauen.

Jim Clifton, Vorstandsvorsitzender und CEO

Durchführung des CliftonStrengths Assessment

Damit Sie auf Ihre Stärken und auf jene der Menschen um Sie herum aufbauen können, sollten Sie das CliftonStrengths Assessment nun durchführen. Ihren persönlichen Zugangscode finden Sie hinten auf der Innenseite des Buchdeckels. Das Assessment dauert circa 30 Minuten.

Nachdem Sie das Assessment durchgeführt haben, lesen Sie Teil II: Die Anwendung Ihrer Stärken. Für jedes der 34 Clifton-Strengths Talentthemen präsentiert dieser Abschnitt die klassische Themenbeschreibung, Beispiele davon, wie Menschen mit einem ausgeprägten Talent im jeweiligen Bereich über sich sprechen, Handlungsideen sowie Tipps für die Zusammenarbeit mit anderen Menschen mit einem ausgeprägten Talent in diesem Themenbereich.

Denken Sie daran, dass der Sinn der CliftonStrengths nicht darin besteht, Ihnen Stärken zu verleihen – das Assessment hilft Ihnen lediglich, die Bereiche zu finden, *wo Sie das größte Potenzial haben, Stärke zu entwickeln.*

CliftonStrengths Assessment und Entwicklungsleitfaden

Sobald Sie das CliftonStrengths Assessment durchgeführt und Ihre Ergebnisse erhalten haben, erhalten Sie Zugriff auf Berichte, Tools und Ressourcen, die Sie verwenden können, um mehr über Ihre

Stärken zu erfahren. Ferner erhalten Sie einen ausführlichen Stärkenentwicklungsleitfaden mit:

▶ Ihrem Top-5-Talentthemenbericht, der personalisierte Beschreibungen Ihrer Top-5-Talente in Form Ihres Strengths Insight zusammenfasst,

▶ 50 Handlungsideen (jeweils 10 für jede Ihrer Top-5-Clifton-Strengths), die auf Tausenden von uns geprüften Best-Practice-Vorschlägen beruhen,

▶ Fragen, die Sie beantworten sollten, um Ihr Bewusstsein für Ihre Talente zu verbessern und zu verstehen, wie Sie sie am besten anwenden können.

Die Unterscheidung in 34 unterschiedliche Talentthemen, die Don Clifton entwickelt hat, hilft uns dabei, einen Großteil aller vielfältigen menschlichen Talente zu beschreiben. Aber sie kann viele Nuancen von einzigartigen Persönlichkeiten nicht ausreichend erfassen. Auch wenn sowohl Sie als auch einige Bekannte Wissbegier unter ihren Top-5-Stärken haben, können sich die Feinheiten dieser Stärke und ihre Ausdrucksformen von einem Menschen zum nächsten enorm unterscheiden: Vielleicht lernen manche von ihnen, indem Sie monatlich mehrere Bücher lesen, andere lernen hauptsächlich durch praktisches Handeln, und weitere lernen aus einer unersättlichen Neugierde und googeln alles.

Um Sie darin zu unterstützen, Ihre eigenen Talente und Stärken auf einem detaillierten und individualisierteren Niveau zu verstehen, hat Gallup über 5 000 hochpersonalisierte Strengths Insights entwickelt. Basierend auf einzigartigen Kombinationen Ihrer individuellen Antworten auf die Fragen im Assessment (»item responses«) liefern Ihnen diese Erkenntnisse eine tiefgründige Analyse darüber, wie Sie sich Ihre Top-5-CliftonStrengths auf Ihr Leben auswirken. Die Beschreibungen in Ihrem CliftonStrengths Bericht sind maßgeschneidert, um *Ihre* einzigartige Persönlichkeit sichtbar zu machen.

Um diese hochpersonalisierten Beschreibungen zu erstellen, vergleichen wir die Gesamtheit Ihrer Antworten auf die Fragen unseres Assessments zu diesen mehr als 5 000 Strengths Insights mit den Daten in unserer riesigen Datenbank und bauen anschließend Ihre Themenbeschreibungen auf der Basis *dessen, was Sie am meisten auszeichnet*. Im Gegensatz zu Ihren Top-5-CliftonStrengths Talentthemen, die sich mit denen von Menschen, die Sie kennen, überschneiden können und damit die wichtige Aufgabe einer Art gemeinsamen Sprache erfüllen, geht es bei den Strengths Insights nur darum, was Sie einzigartig macht.

Teil II

Die Anwendung Ihrer Stärken

Die 34 Talentthemen und Handlungsideen

Die 34
Talentthemen
und
Handlungsideen

Analytisch

Anpassungsfähigkeit

Arrangeur

Autorität

Bedeutsamkeit

Behutsamkeit

Bindungsfähigkeit

Disziplin

Einfühlungsvermögen

Einzelwahrnehmung

Entwicklung

Fokus

Gleichbehandlung

Harmoniestreben

Höchstleistung

Ideensammler

Integrationsbestreben

Intellekt

Kommunikationsfähigkeit

Kontaktfreudigkeit

Kontext

Leistungsorientierung

Positive Einstellung

Selbstbewusstsein

Strategie

Tatkraft

Überzeugung

Verantwortungsgefühl

Verbundenheit

Vorstellungskraft

Wettbewerborientierung

Wiederherstellung

Wissbegier

Zukunftsorientierung

ANALYTISCH

Mit Ihrem analytischen Denken sind Sie für Ihre Umgebung eine Herausforderung. Sie verlangen von anderen, dass ihre Behauptungen einer gewissenhaften Prüfung auch standhalten. Oft ist dies nicht der Fall, und schon so manche schillernde Idee ist an Ihren kritischen Fragen zerplatzt wie eine Seifenblase. Und genau darum geht es Ihnen. Im Grunde liegt Ihnen zwar nichts daran, anderer Menschen Pläne zu durchkreuzen, Sie sind jedoch der Meinung, dass Theorien in erster Linie tragfähig sein sollten. Sie sehen sich selbst als objektiven, unvoreingenommenen Beobachter. Sie haben eine positive Einstellung zu Daten und Fakten, da diese genauso neutral und unparteiisch sind wie Sie selbst. Ausgerüstet mit diesen Daten machen Sie sich auf die Suche nach Mustern und Verbindungen. Sie interessiert die Auswirkung von bestimmten Anordnungen auf die Umgebung, wie verschiedene Muster untereinander kombiniert werden können, und welches Ergebnis davon zu erwarten ist. Inwiefern passt dieses Ergebnis zu der ursprünglichen Theorie beziehungsweise zu einer konkreten Situation? Mit diesem Fragenkatalog konfrontieren Sie Ihre Umwelt. Sie tragen Schicht für Schicht ab, bis die eigentlichen Gründe zum Vorschein kommen. In den Augen Ihrer Mitmenschen ist Ihre Logik unerbittlich. Über kurz oder lang wenden sie sich dann aber doch an Sie, um ihre schrägen Vorstellungen, haltlosen Ideen und ihr Wunschdenken von Ihrem scharfen Verstand prüfen und aussortieren zu lassen. Sie sollten jedoch darauf achten, Ihre Analyse in einem nicht allzu harschen Ton zu präsentieren. Sonst gehen Ihre Mitmenschen Ihrer heilsamen Kritik in Zukunft möglicherweise lieber gleich aus dem Weg.

Und so sprechen Menschen mit einem ausgeprägten analytischen Talent über sich:

Jose G., Angestellter der Schulverwaltung: »Ich habe die natürliche Fähigkeit, Strukturen, Abläufe und Muster zu sehen, bevor sie existieren. Wenn zum Beispiel jemand darüber spricht, einen Antrag auf Bewilligung von Geldern zu stellen, verarbeitet mein Gehirn, während ich zuhöre, instinktiv die Art von Geldmitteln, die zur Verfügung stehen, und wie die Diskussion zur Bewilligung läuft, bis hinunter zu dem Format, wie die Information auf klare und überzeugende Weise in das Antragsformular eingetragen werden kann.«

Jack T., Personalleiter: »Wenn ich eine Behauptung aufstelle, muss ich wissen, dass ich sie mit Tatsachen und logischem Denken stützen kann. Wenn zum Beispiel jemand sagt, dass unsere Firma nicht so viel zahlt wie andere, frage ich immer: ›Warum sagen Sie das?‹ Wenn er dann sagt: ›Nun, ich habe eine Anzeige in der Zeitung gelesen, in der jungen Maschinenbauingenieuren 5 000 Dollar mehr angeboten wurden,‹ antworte ich mit der Gegenfrage: ›Aber von wem werden diese jungen Ingenieure eingestellt? Beruht ihr Gehalt darauf, wo sie ihrer Tätigkeit nachkommen? Für welche Art von Unternehmen werden sie arbeiten? Sind es Fertigungsfirmen wie unsere? Und wie viele Leute sind in der engeren Auswahl? Sind es drei Leute, und einer von ihnen hat einen guten Vertrag bekommen und treibt damit den Gesamtdurchschnitt nach oben?‹ Es gibt viele Fragen, die ich stellen muss, um sicherzustellen, dass seine Behauptung tatsächlich eine Tatsache ist und nicht nur auf einer einzigen, irreführenden Information beruht.«

Leslie J., Schulleiterin: »Sehr oft verändert sich die Leistung einer Schülergruppe von einem Jahr zum nächsten. Es ist dieselbe Gruppe von Kindern, aber ihre Ergebnisse sind von Jahr zu Jahr unterschiedlich. Wie kann das sein? In welchem Gebäude sind die Kinder? Wie viele der Kinder sind für ein volles Schuljahr angemeldet? Welche Lehrer unterrichten sie, und welche Lehrstile wurden von diesen Lehrern angewandt? Ich liebe es einfach, Fragen wie diese zu stellen, um zu verstehen, was wirklich geschieht.«

Handlungsideen

▶ Wählen Sie eine Arbeit, bei der Sie dafür bezahlt werden, Daten zu analysieren, Muster zu finden oder Ideen umzusetzen. Zum Beispiel können Sie im Marketing, in der Finanz- oder Medizinforschung, in der Datenbankverwaltung, in einer Redaktion oder im Risikomanagement brillieren.

▶ Egal in welcher Rolle Sie sich wiederfinden, ermitteln Sie glaubwürdige Quellen. Sie laufen zur Höchstform auf, wenn Sie gut recherchierte Informationsquellen und Zahlen haben, die Ihre Logik untermauern. Identifizieren Sie beispielsweise die hilfreichsten Bücher, Webseiten oder Veröffentlichungen, die Ihnen als Referenz dienen können.

▶ Ihr Gehirn arbeitet pausenlos und erstellt aufschlussreiche Analysen. Sind sich andere dessen bewusst? Finden Sie die beste Methode, um Ihre Gedanken auszudrücken: in Schriftform, im persönlichen Gespräch, in Gruppendiskussionen oder vielleicht in Vorträgen oder Präsentationen. Verleihen Sie Ihren Gedanken einen Wert, indem Sie sie kommunizieren.

▶ Vergewissern Sie sich, dass Ihre Zusammenstellung und Ihre Analyse von Informationen immer dazu führen, dass sie angewandt und umgesetzt werden. Wenn Sie dies nicht automatisch machen, suchen Sie sich einen Partner, der Sie von der Theorie in die Praxis schiebt, vom Denken ins Handeln. Dieser Mensch wird dafür sorgen, dass Ihre Analyse nicht in Paralyse ausartet.

- Belegen Sie einen akademischen Studiengang, der Ihr analytisches Talent erweitert. Behalten Sie gezielt Menschen im Auge, deren Logik Sie bewundern.

- Bieten Sie Ihr analytisches Talent freiwillig an. Insbesondere können Sie Menschen weiterhelfen, die damit hadern, größere Datenmengen zu organisieren, oder denen es schwerfällt, ihre Gedanken zu strukturieren.

- Tun Sie sich mit jemandem zusammen, der ein ausgeprägten Talent im Bereich Tatkraft besitzt. Seine Ungeduld schiebt Menschen wie Sie schneller in die Handlungsphase hinein.

- Möglicherweise sind Sie eher skeptisch, bis Sie konkrete Beweise sehen. Ihre Skepsis sorgt zwar für Richtigkeit, dennoch nehmen es andere möglicherweise persönlich. Helfen Sie anderen zu verstehen, dass Ihre Skepsis vorwiegend den Daten gilt, nicht den Menschen.

- Suchen Sie nach Mustern in Ihren Daten. Schauen Sie, ob Sie ein Motiv, eine Präzedenz oder einen Zusammenhang in Werten oder Zahlen ausmachen können. Wenn Sie die Verbindungen in den Daten aufzeigen und einen Kausalzusammenhang ableiten können, können Sie vielleicht anderen helfen, diese Muster zu sehen.

- Helfen Sie anderen zu verstehen, dass Ihr analytischer Ansatz häufig neue Daten und andere Informationen erfordert, um neue Ideen, die Ihre Kollegen vorschlagen, logisch zu untermauern.

Zusammenarbeit mit anderen Menschen mit einem ausgeprägten analytischen Talent

▶ Wenn Menschen mit einem ausgeprägten analytischen Talent in eine wichtige Entscheidung eingebunden werden, nehmen Sie sich die Zeit, die Eckpunkte mit ihnen zu durchdenken. Sie werden alle wesentlichen Faktoren kennen wollen.

▶ Wenn Sie eine Entscheidung oder ein Prinzip verteidigen, zeigen Sie Menschen mit einem ausgeprägten analytischen Talent die dahinterstehenden Zahlen. Sie neigen instinktiv dazu, Informationen, die Zahlen enthalten, eher Glauben zu schenken.

▶ Da Genauigkeit für Menschen mit einem ausgeprägten analytischen Talent äußerst wichtig ist, kann es ihnen wichtiger sein, eine Aufgabe richtig zu erledigen, als einen Termin einzuhalten. Wenn der Termin näher rückt, sollten Sie sich deshalb regelmäßig bei den Kollegen vergewissern, dass sie genug Zeit haben, um die Aufgabe ordentlich zu erledigen.

ANPASSUNGSFÄHIGKEIT

Sie leben für den Augenblick. Für Sie ist die Zukunft nicht so sehr ein festes Gefüge, auf das Sie sich zubewegen, als vielmehr eine Realität, die aufgrund der Entscheidungen entsteht, die Sie in der Gegenwart treffen. Mit jeder Entscheidung nimmt Ihre Zukunft zunehmend konkrete Formen an. Dies bedeutet nicht, dass Sie etwa plan- und ziellos durchs Leben treiben. Ihre Anpassungsfähigkeit verleiht Ihnen vielmehr die Fähigkeit, auf das Gebot der Stunde mit einem hohen Maß an Flexibilität zu reagieren, was dazu führen kann, dass Sie von Ihren ursprünglichen Plänen abrupt abrücken. Im Unterschied zu manchen anderen Menschen sind Sie in der Lage, auf völlig unerwartete Anfragen einzugehen oder plötzlich auftauchende Klippen zu umschiffen. Für Sie sind solche Situationen keine Überraschung – Sie hatten bereits damit gerechnet. Unvorhergesehenes ist für Sie unvermeidbar, und in bestimmter Weise freuen Sie sich sogar darauf. Dank Ihrer Flexibilität entfalten Sie an Ihrem Arbeitsplatz eine hohe Produktivität, und zwar gerade dann, wenn ganz verschiedene, miteinander konkurrierende Anforderungen an Sie gestellt werden.

Und so sprechen Menschen mit stark ausgeprägtem Talent im Bereich Anpassungsfähigkeit über sich:

Marie T., Fernsehproduzentin: »Ich liebe das Live-Fernsehen, weil man niemals weiß, was passieren wird. In einem Moment stelle ich einen Beitrag über die besten Geburtstagsgeschenke für Teenager zusammen, und im nächsten arbeite ich an einem Interview für einen Präsidentschaftskandidaten. Ich vermute, ich bin schon immer so gewesen. Ich lebe im Augenblick. Wenn mich jemand fragt: ›Was tust Du morgen?‹ ist meine Antwort immer: ›Zum Teufel, das weiß ich doch heute noch nicht. Hängt von meiner Stimmung ab.‹ Ich treibe meinen Freund in den Wahnsinn, weil er für uns plant, Sonntagnachmittag auf einen Antiquitätenmarkt zu gehen, und ich es mir in der allerletzten Minute anders überlege und sage: ›Nee, lass uns nach Hause gehen und die Sonntagszeitungen lesen.‹ Ärgerlich, nicht wahr? Vielleicht aber auch positiv, denn es bedeutet, dass ich zu allem bereit bin.«

Linda G., Projektmanagerin:»An meiner Arbeitsstelle bin ich die entspannteste Person, die ich kenne. Wenn jemand hereinkommt und sagt: ›Wir haben nicht richtig geplant. Wir müssen das bis morgen komplett abändern‹, scheinen meine Kollegen sich zu verkrampfen und zu erstarren. Irgendwie geht mir das ganz anders. Ich liebe diesen Druck, diesen Zwang zur sofortigen Reaktion. Er gibt mir das Gefühl, lebendig zu sein.«

Peter F., Ausbilder:»Ich denke, ich werde mit dem Leben besser fertig als die meisten Menschen. Letzte Woche stellte ich fest, dass meine Seitenscheibe am Auto zertrümmert und das Autoradio gestohlen war. Ich war verärgert, natürlich, aber es hat mir überhaupt nicht den Tag verdorben. Ich klärte die Sache, nahm Abstand, und befasste mich dann mit den anderen Dingen, die ich an jenem Tag erledigen musste.«

Handlungsideen

▶ Erarbeiten Sie sich einen Ruf als besonnener und beruhigender Mensch, wenn andere sich über tägliche Ereignisse aufregen.

► Vermeiden Sie Positionen, die Vorhersehbarkeit und Struktur verlangen. Diese werden Sie sehr schnell frustrieren, weil sie sich in diesem Rollen unzulänglich fühlen und Ihre Eigenständigkeit erstickt wird.

► Wenn der Druck hoch ist, helfen Sie Ihren zögerlichen Bekannten, Kollegen und Kunden dabei, Wege zu finden, sich zusammenzuraufen und die Situation in den Griff zu bekommen. Erklären Sie ihnen, dass Anpassungsfähigkeit mehr beinhaltet, als lediglich alle Änderungen zu akzeptieren; es geht vielmehr darum, ruhig, intelligent und bereitwillig auf die Umstände zu reagieren.

► Lassen Sie nicht zu, dass andere Ihre angeborene Flexibilität ausnutzen. Obwohl Ihnen Ihr Talent im Bereich Anpassungsfähigkeit gute Dienste leistet, sollten Sie Ihren langfristigen Erfolg nicht aufs Spiel setzen, indem Sie sich jeder Laune, Begehrlichkeit und Forderung anderer beugen. Wenden Sie intelligente Richtlinien an, um sich selbst bei der Entscheidung zu helfen, wann Sie sich verbiegen und wann Sie standhaft bleiben sollten.

► Suchen Sie sich die Positionen aus, in denen Erfolg davon abhängt, auf ständig wechselnde Umstände zu reagieren. Erwägen Sie Bereiche wie Journalismus, Live-Fernsehproduktion, Notfallmedizin und Kundenbetreuung. In diesen Rollen sind die Besten jene, die am schnellsten reagieren und gleichzeitig einen kühlen Kopf bewahren.

► Verfeinern Sie Ihre Reaktionsfähigkeit. Wenn Ihr Job zum Beispiel spontane Geschäftsreisen verlangt, lernen Sie, binnen 30 Minuten Ihren Koffer zu packen und sich auf den Weg zu machen. Wenn Ihr Arbeitsdruck in unvorhersehbaren Schüben kommt, üben Sie die ersten drei Maßnahmen ein, die Sie immer ergreifen werden, sobald der Druck über Sie hereinbricht.

▶ Bitten Sie andere um Unterstützung bei der Planung. Menschen mit einem ausgeprägten Talent in den Bereichen Fokus, Strategie oder Überzeugung können Ihnen helfen, Ihre langfristigen Ziele zu gestalten, damit Sie die tagtäglichen Veränderungen mit Elan bewältigen können.

▶ Ihre Anpassungsfähigkeit verleiht Ihnen eine ausgeglichene Ruhe, die Sie dazu befähigt, Höhen und Tiefen hinzunehmen, ohne emotional darunter zu leiden. Ihre Einstellung »Was geschehen ist, ist geschehen« wird Ihnen helfen, sich schnell von Rückschlägen zu erholen. Erkennen Sie diesen Aspekt Ihrer Persönlichkeit an, und helfen Sie Ihren Bekannten und Kollegen zu verstehen, dass diese Haltung aus einer produktiven Flexibilität und nicht aus einer »Mir doch egal«-Einstellung herrührt.

▶ Vermeiden Sie Aufgaben, die zu strukturiert sind und Ihr Bedürfnis nach Abwechslung ersticken. Wenn Sie eine Liste von Aufgaben erhalten, die Sie erledigen müssen, versuchen Sie, Ihrem Verlangen nach Flexibilität nachzukommen, indem Sie diese Liste in ein Spiel verwandeln. Versuchen Sie, kreativ zu sein oder die Aufgaben spielerisch anzugehen, damit sie mehr Spaß machen.

▶ Nutzen Sie Ihr beruhigendes Verhalten, um missmutige Bekannte oder Mitarbeiter zu besänftigen. Merken Sie sich den Ansatz, den Sie angewendet haben, damit Sie ihn wieder benutzen können, wenn diese Situation wieder eintreten sollte.

Zusammenarbeit mit anderen Menschen mit einem stark ausgeprägten Talent im Bereich Anpassungsfähigkeit

▶ Menschen mit einem stark ausgeprägten Talent im Bereich Anpassungsfähigkeit sind von Natur aus flexibel, wodurch sie zu einer wertvollen Bereicherung für fast jedes Team werden. Wenn Pläne schiefgehen, passen sie sich an die neuen Begebenheiten an und versuchen, trotzdem Fortschritte zu erzielen. Untätig zuschauen und schmollen kommt bei ihnen nicht vor.

► Dank ihrer Bereitschaft, »mit dem Strom zu schwimmen«, können diese Menschen ein Umfeld schaffen, in dem andere hervorragend experimentieren und lernen können.

► Anpassungsfähige Menschen sind am produktivsten bei Aufgaben mit kurzer Laufzeit, die sofortiges Handeln verlangen. Sie bevorzugen viele kurze Einsätze statt langwieriger Feldzüge.

ARRANGEUR

Sie sind eine koordinierende Person. Wenn Sie einer komplexen Situation gegenüberstehen, bei der eine Vielzahl von Faktoren zu berücksichtigen ist, jonglieren Sie mit ihnen hin und her und reihen sie immer wieder aufs Neue aneinander, bis Sie sicher sind, dass Sie die ideale Anordnung gefunden haben. Eine solche Vorgehensweise ist für Sie selbstverständlich, Sie sind einfach immer bestrebt, Ihre Aufgaben auf die eleganteste Weise zu erledigen. Weniger organisationsbegabte Mitmenschen erstarren angesichts Ihrer organisatorischen Fähigkeiten in Ehrfurcht. Sie fragen sich, wie man nur so viele Dinge gleichzeitig in seine Überlegungen mit einbeziehen kann. Es ist ihnen ein Rätsel, wie Sie es bewerkstelligen umfassende, vielschichtige Pläne mit spielerischer Leichtigkeit durch brandneue Konzepte zu ersetzen. Für Sie dagegen ist gar keine andere Vorgehensweise denkbar. In Sachen Flexibilität sind Sie einfach unschlagbar, und zwar unabhängig davon, ob Sie nun in letzter Sekunde Ihre Reiseroute ändern, weil plötzlich ein günstigerer Anschlussflug oder Reisepreis verfügbar ist, oder ob Sie die ideale Kombination von Mitarbeitern und Betriebsmitteln zur Fertigstellung eines bestimmten Projektes aushecken. Ob es sich nun um ganz banale oder sehr komplexe Zusammenhänge handelt, Sie sind immer auf der Suche nach der richtigen Zusammenstellung. Und wenn dazu noch eine bestimmte Dynamik ins Spiel kommt, geraten Sie so richtig in Fahrt. Manche Menschen reagieren angesichts einer unerwarteten Entwicklung der Dinge mit dem Festklammern an ihre so sorgfältig ausgearbeiteten Pläne oder mit Verweisen auf Richtlinien und Verfahrensweisen, die doch, bitte schön, einzuhalten sind. Sie dagegen begeben sich mitten ins Chaos, machen neue Möglichkeiten ausfindig, erschließen neuartige, effiziente Wege, gehen neue Partnerschaften ein und halten sich dabei sämtliche Optionen offen. Denn schließlich könnte sich ja immer eine noch günstigere Möglichkeit ergeben.

Und so sprechen Menschen mit einem ausgeprägten Talent im Bereich Arrangeur über sich:

Sarah P., Finanzleitung: »Ich mag komplizierte Problemstellungen, bei denen ich mir den Kopf zerbrechen und herausfinden muss, wie die einzelnen Teile zusammenpassen. Manche Leute betrachten eine Situation, sehen 30 Variablen und versuchen dann, alle 30 miteinander in Einklang zu bringen. Wenn ich dieselbe Situation sehe, sehe ich etwa drei Optionen. Und weil ich nur drei sehe, ist es leichter für mich, eine Entscheidung zu treffen und dann alles richtig einzuordnen.«

Grant D., Betriebsleiter: »Ich erhielt vor einigen Tagen eine Meldung von unserer Fertigungsstätte, die besagte, dass die Nachfrage nach einem unserer Produkte die Planungen bei weitem übertroffen hatte. Ich dachte einen Augenblick darüber nach, und dann kam mir blitzartig eine Idee: das Produkt einfach wöchentlich, nicht monatlich versenden. Also sagte ich: ›Rufen Sie die europäischen Niederlassungen an, fragen Sie sie, wie hoch ihre Nachfrage ist, schildern Sie ihnen unsere Situation, und dann fragen Sie, wie hoch ihre wöchentliche Nachfrage ist.‹ Auf diese Weise können wir die Anforderungen erfüllen, ohne Lagerbestände aufzubauen. Natürlich, es wird die Versandkosten in die Höhe treiben, aber das ist immer noch besser, als zu großen Bestand an einem Ort und nicht genug an einem anderen zu haben.«

Jane B., Unternehmerin:»Manchmal, zum Beispiel wenn wir alle ins Kino oder zu einem Fußballspiel gehen, treibt mich dieses Arrangeur-Talent die Wände hoch. Meine Familie und Freunde verlassen sich komplett auf mich: ›Jane wird die Karten kaufen‹, ›Jane wird die Hinfahrt organisieren.‹ Warum muss ich das immer tun? Aber sie sagen einfach: ›Weil du es gut machst. Wir würden dazu eine halbe Stunde brauchen. Du kannst das viel schneller. Du rufst einfach die Vorverkaufskasse an, bestellst die richtigen Karten, und dann ist schon alles erledigt.‹«

Handlungsideen

▶ Lernen Sie die Ziele Ihrer Kollegen und Bekannten kennen. Teilen Sie Ihnen mit, dass Sie sich deren Ziele bewusst sind, und dann helfen Sie ihnen, diese erfolgreich umzusetzen.

▶ Muss ein Team gebildet werden, sorgen Sie dafür, dass Sie am Prozess beteiligt sind. Sie erkennen Talente, Kompetenzen und Kenntnisse in anderen, und diese Wahrnehmung hilft Ihnen dabei, die richtigen Menschen an der richtigen Stelle einzusetzen.

▶ Sie spüren intuitiv, wie Menschen, die sehr unterschiedlich sind, zusammen arbeiten können. Schauen Sie sich Gruppen mit gegensätzlichen Persönlichkeiten und Meinungen genauer an, denn diese brauchen vielleicht Ihr Talent im Bereich Arrangeur am meisten.

▶ Behalten Sie unbedingt laufende Termine für Ihre zahlreichen Aufgaben, Projekte und Pflichten im Blick. Obwohl Sie es genießen, mehrere Tätigkeiten gleichzeitig am Laufen zu haben, kann es andere beunruhigen, deren Talent im Bereich Arrangeur weniger ausgeprägt ist, wenn sie Sie nicht regelmäßig dabei beobachten, dass Sie sich Ihren Projekten widmen. Berichten Sie über Ihre Fortschritte, um die Ängste anderer zu beschwichtigen.

► Suchen Sie sich ein komplexes, dynamisches Umfeld aus, wo es wenig Routine gibt.

► Organisieren Sie eine große Veranstaltung – eine Konferenz, eine große Feier oder ein Firmenfest.

► Lassen Sie den Menschen Zeit, Ihre Handlungsweise zu verstehen, wenn Sie sie ihnen präsentieren. Sie können zwar instinktiv viele Aktivitäten gedanklich unter einen Hut bringen, aber anderen fällt es möglicherweise schwer, etablierte Verfahren zu ersetzen. Nehmen Sie sich Zeit, um deutlich zu erklären, warum Ihre Handlungsweise effektiver sein kann.

► Richten Sie Ihr Talent im Bereich Arrangeur auf die dynamischsten Bereiche Ihrer Organisation. Geschäftsbereiche oder Abteilungen, die sehr unbeweglich oder routiniert sind, werden Sie wahrscheinlich langweilen. Sie gedeihen, wenn Ihr Talent im Bereich Arrangeur mobilisiert wird, und Sie leiden, wenn Sie sich langweilen.

► Helfen Sie anderen, Ihre weitreichende Fachkompetenz zu sehen, indem Sie Ihre »Was wäre, wenn?«-Denkweise mit ihnen teilen. Sobald Ihren Kollegen einleuchtet, dass Sie alle möglichen Alternativen und Planungen identifiziert und sorgfältig durchdacht haben, fühlen sie sich sicherer.

► Sie haben eine flexible Art, Menschen zu organisieren und Räume zu gestalten. Überlegen Sie, wie Sie den Workflow verbessern können, indem Sie Räume und/oder Verfahren umorganisieren, um die Produktivität zu optimieren und um Zeit für sich selbst und andere zu gewinnen.

Zusammenarbeit mit anderen Menschen mit einem ausgeprägten Talent im Bereich Arrangeur

Arrangeur

▶ Menschen mit einem ausgeprägten Talent im Bereich Arrangeur sind begeistert, wenn sie komplexe, vielseitige Aufgaben zu erledigen haben. Sie wachsen in Situationen über sich hinaus, in denen sie viele Dinge gleichzeitig am Laufen halten müssen.

▶ Wenn Sie ein Projekt ins Leben rufen, bitten Sie diese Menschen um Hilfe, um die Projektteammitglieder zu positionieren. Arrangeure erkennen sehr schnell, wie die Stärken eines jeden Menschen das Team am besten ergänzen könnten.

▶ Menschen mit einem ausgeprägten Talent im Bereich Arrangeur sind häufig sehr einfallsreich. Wenn etwas nicht funktioniert, können Sie sich darauf verlassen, dass Sie ihnen eine Freude bereiten, wenn Sie sie um Hilfe bitten.

AUTORITÄT

Aufgrund Ihrer natürlichen Autorität übernehmen Sie gerne Verantwortung. Sie haben auch keine Probleme damit, andere mit Ihren Ansichten zu konfrontieren, ganz im Gegenteil. Sobald Sie sich eine Meinung gebildet haben, müssen Sie diese unbedingt anderen mitteilen. Und wenn Sie ein Ziel ins Auge gefasst haben, lassen Sie nicht locker, bis Sie Ihre gesamte Umgebung darauf eingeschworen haben. Sie gehen beherzt allen möglichen Auseinandersetzungen entgegen, denn in Ihren Augen ist ein Konflikt stets der erste Schritt, ein Problem zu lösen. Wo andere sich kaum trauen, der Wahrheit ins Auge zu blicken, fühlen Sie sich berufen, die wenig schmeichelhaften Tatsachen auf einem Silbertablett zu präsentieren. Sie sind eben für Klarheit in Beziehungen und fordern von Ihren Mitmenschen Realitätssinn und Ehrlichkeit, und ein bisschen mehr Mut könnte Ihrer Meinung auch nicht schaden. Manche Menschen fühlen sich aus diesem Grund von Ihnen eingeschüchtert und nehmen Ihnen das auch übel. Möglicherweise hält man Sie für rechthaberisch, aber dessen ungeachtet überlässt man Ihnen in der Regel bereitwillig die Führung. Denn schließlich wirkt eine Person, die eindeutig Stellung bezieht und eine klare Linie vertritt, positiv und motivierend auf andere. Sie verkörpern Autorität und Präsenz, deswegen fühlen sich andere Menschen zu Ihnen hingezogen.

Und so sprechen Menschen mit einem ausgeprägten Talent im Bereich Autorität über sich:

Malcolm M., Gastronomie-Manager:»Ein Grund, warum ich auf Menschen wirke, ist, dass ich so offen bin. Tatsächlich sagen die Leute, dass ich sie zunächst einschüchtere. Nachdem ich ein Jahr mit ihnen arbeite, sprechen wir manchmal darüber. Sie sagen: ›Junge, Malcolm, als ich hier anfing, habe ich mich zu Tode gefürchtet.‹ Wenn ich frage, warum, sagen sie: ›Ich habe niemals bei jemandem gearbeitet, der einfach alles so frei heraus sagte. Was es auch immer war, was immer gesagt werden musste, Sie sagten es einfach.‹«

Rick P., Führungskraft im Einzelhandel:»Wir haben ein Gesundheitsprogramm, bei dem Sie, wenn Sie weniger als vier alkoholische Getränke pro Woche trinken, 25 Dollar bekommen; wenn Sie nicht rauchen, bekommen Sie 25 Dollar im Monat. Aber eines Tages hörte ich, dass einer meiner Lagerleiter wieder rauchte. Das war nicht gut. Er rauchte im Laden, war für die Mitarbeiter ein schlechtes Beispiel und beanspruchte dennoch die 25 Dollar. So etwas kann ich einfach nicht für mich behalten. Es war nicht angenehm, aber ich konfrontierte ihn sofort und direkt damit: ›Hören Sie auf damit, oder Sie sind entlassen.‹ Er ist im Prinzip ein guter Kerl, aber so etwas darf man nicht durchgehen lassen.«

Diane N., Hospiz-Angestellte:»Ich halte mich nicht für energisch, aber ich übernehme die Führung. Wenn Sie in einen Raum mit einem sterbenden Menschen und seiner Familie gehen, müssen Sie die Führung übernehmen. Die Angehörigen wollen, dass Sie die Führung übernehmen. Sie stehen etwas unter Schock, sind ein wenig verängstigt, ein wenig verleugnend. Im Grunde genommen sind sie verwirrt. Sie brauchen jemanden, der ihnen sagt, was als Nächstes geschehen wird, was sie erwarten können. Dass es nicht leicht sein wird, aber dass es auf eine gewisse Weise in Ordnung sein wird. Sie wollen kein Getue, sie wollen Klarheit und Ehrlichkeit. Das gebe ich ihnen.«

Handlungsideen

▶ Sie scheuen keine Auseinandersetzung. Üben Sie Worte, Ton und Verhandlungstechniken, um Ihr Auseinandersetzungsvermögen in echte Überzeugungskraft zu verwandeln.

▶ Ergreifen Sie in Ihren Beziehungen Gelegenheiten, um sich klar und direkt über heikle Themen zu äußern. Ihre Bereitschaft, die Dinge beim Namen zu nennen, kann Ihren Kollegen und Freunden als wichtige Quelle der Stärke und Beständigkeit dienen. Seien Sie bestrebt, als ehrlicher Mensch anerkannt zu sein.

▶ Fragen Sie Menschen nach ihrer Meinung. Manchmal wirkt Ihre Direktheit einschüchternd auf andere, die aus Angst vor Ihrer Reaktion lieber schweigen. Achten Sie darauf. Wenn nötig, erklären Sie ihnen, dass Sie sehr direkt sind, weil Sie sich einfach nicht damit wohlfühlen, Dinge unausgesprochen zu lassen, und nicht, weil Sie andere dadurch zum Verstummen bringen möchten.

▶ Tun Sie sich mit jemandem zusammen, der seine Stärken in den Bereichen Kontaktfreudigkeit oder Einfühlungsvermögen hat. Manche Dinge müssen nicht angesprochen werden, sondern können umschifft werden. Diese Person kann Ihnen helfen, Konflikte mit Kollegen zu vermeiden.

▶ Ihre Neigung, das Kommando zu übernehmen, stabilisiert und beruhigt andere in Krisenzeiten. Wenn Sie sich einer besonders großen Herausforderung gegensehen, nutzen Sie Ihr Talent im Bereich Autorität, um die Ängste anderer zu beschwichtigen und sie davon zu überzeugen, dass Sie alles unter Kontrolle haben.

▶ Ihr Talent im Bereich Autorität wird Sie vielleicht dazu zwingen, um Macht zu ringen, da Sie gerne die Hauptrolle spielen. Doch denken Sie daran: Auch wenn Sie nicht offiziell das Sagen haben, kann Ihre Präsenz eine unsichtbare, aber deutlich spürbare Macht ausüben.

▶ Beseitigen Sie Hindernisse. Andere verlassen sich auf Ihre natürliche Entschlossenheit, Dinge in Bewegung zu setzen. Wenn Sie Blockaden lösen, schaffen Sie damit häufig eine neue Dynamik und Erfolge, die es ohne Ihr Zutun nicht gegeben hätte.

▶ Ziehen Sie in Erwägung, Vorstand eines Komitees zu werden. Sie haben ganz klare Vorstellungen davon, was Sie verwirklichen möchten, und Sie können eine Gruppe instinktiv dazu bringen, Ihnen zu folgen. Vielleicht macht es Ihnen Spaß, neue Initiativen anzuleiten.

▶ Suchen Sie sich Positionen aus, in denen Sie gefordert sind, andere zu überzeugen. Überlegen Sie sich, ob eine Karriere im Vertrieb zu Ihnen passen würde.

▶ Finden Sie eine gute Sache, an die Sie glauben, und unterstützen Sie diese. Wahrscheinlich entdecken Sie, wie sie zu Höchstform auflaufen, wenn Sie mit Widerstand konfrontiert werden.

Zusammenarbeit mit anderen Menschen mit einem ausgeprägten Talent im Bereich Autorität

▶ Bitten Sie Menschen mit einem ausgeprägten Talent im Bereich Autorität immer um eine Einschätzung der Lage in Ihrer Organisation. Sie werden Ihnen wahrscheinlich eine unverblümte Antwort geben. In gleicher Weise wenden Sie sich an sie, wenn Sie Ideen brauchen, die sich von den Ihren unterscheiden. Menschen mit diesem Talent neigen nicht dazu, Ja-Sager zu sein.

▶ Möchten Sie ein Projekt wieder in Bewegung setzen, oder müssen andere überzeugt werden, wenden Sie sich an Menschen mit einem ausgeprägten Talent im Bereich Autorität, damit sie das Ruder in die Hand nehmen.

▶ Drohen Sie diesen Menschen niemals, es sei denn, Sie sind zu 100 Prozent bereit, der Drohung Taten folgen zu lassen.

BEDEUTSAMKEIT

Ihnen ist wichtig, in den Augen anderer als bedeutsame Person zu erscheinen und anerkannt zu werden. Sie wollen gehört werden und legen Wert darauf, sich von anderen abzuheben. Sie verlangen Anerkennung für die einzigartigen Stärken, die Sie von anderen unterscheiden. Sie erwarten Bewunderung für die Glaubwürdigkeit, Professionalität und den Erfolg, durch den Sie sich auszeichnen. In Ihrer Umgebung setzen Sie dieselben Qualitäten voraus. Falls diese Eigenschaften nicht vorhanden sind, sorgen Sie dafür, dass sie allmählich entwickelt werden. Ist dies nicht möglich, wenden Sie sich ab. Sie sind unabhängiges Denken gewohnt, und Ihre Arbeit ist für Sie nicht nur ein Job, sondern eine Lebensweise, mit der Sie eine möglichst hohe Handlungsfreiheit anstreben. Ihren Wünschen und Vorlieben messen Sie eine große Bedeutung bei. Deshalb steuern Sie Ihre Ziele mit einer außergewöhnlichen Bestimmtheit an und heben sich dadurch eindeutig vom Mittelmaß ab. Ihr Streben nach Bedeutsamkeit führt Sie auf diese Weise zu immer neuen Erfolgen.

Und so sprechen Menschen mit einem ausgeprägten Talent im Bereich Bedeutsamkeit über sich:

Mary P., Führungskraft im Gesundheitsdienst: »Frauen wird fast vom ersten Tag an gesagt: ›Sei nicht zu stolz. Trag den Kopf nicht so hoch.‹ Und ähnliche Sprüche. Aber ich habe gelernt, dass es in

Ordnung ist, Kraft zu haben, es ist in Ordnung, stolz zu sein, und es ist in Ordnung, ein starkes Ego zu haben. Und auch, dass ich es im Griff haben und in die richtigen Richtungen lenken muss.«

Kathie J., Anwältin:»Soweit meine Erinnerung zurückreicht, hatte ich das Gefühl, dass ich etwas Besonderes sei, dass ich die Führung übernehmen und die Dinge voranbringen könnte. In den 60er-Jahren war ich die erste weibliche Partnerin in meiner Sozietät und ich kann mich noch daran erinnern, dass ich in jedem Sitzungssaal die einzige Frau war. Es ist eigenartig, daran zurückzudenken. Es war hart, aber ich denke, ich genoss doch den Druck, es durchzustehen. Ich genoss es, der ›weibliche‹ Partner zu sein. Weil ich wusste, dass sich jeder an mich erinnern würde. Ich wusste, dass alle mich bemerkten und mir Aufmerksamkeit schenkten.«

John L., Arzt:»Mein ganzes Leben lang hatte ich das Gefühl, auf der Bühne zu stehen. Ich war mir immer einer Zuhörerschaft bewusst. Wenn ich bei einem Patienten sitze, möchte ich, dass mich der Patient als den besten Arzt sieht, den er je hatte. Wenn ich vor Medizinstudenten eine Vorlesung halte, möchte ich als der beste Medizindozent dastehen, den sie je hatten. Ich möchte den Preis ›Dozent des Jahres‹ verliehen bekommen. Meine Chefin ist wie ein großes Publikum für mich. Sie zu enttäuschen, würde mich umbringen. Einerseits ist es furchterregend, zu denken, dass ein Teil meiner Selbstachtung in den Händen anderer Menschen liegt, aber andererseits hält es mich auf Trab.«

Handlungsideen

▶ Wählen Sie Stellen oder Positionen, in denen Sie Ihre eigenen Aufgaben und Handlungen bestimmen können. Sie werden die Bekanntheit genießen, die mit Selbständigkeit einhergeht.

► Ihr Ruf ist Ihnen wichtig, daher sollten Sie sich entscheiden, was für einen Ruf Sie haben möchten, und ihn bis ins kleinste Detail pflegen. Erlangen Sie beispielsweise einen Titel, der Ihre Glaubwürdigkeit stärken wird, schreiben Sie einen Artikel, der Ihr Talent öffentlich darstellt, oder melden Sie sich freiwillig, um vor einer Gruppe zu sprechen, die Ihre Leistungen zu würdigen weiß.

► Teilen Sie Ihre Träume und Ihre Ziele mit Ihrer Familie, Ihren engsten Freunden und Kollegen. Deren Erwartungen werden Ihnen als Ansporn dienen, immer nach neuem Erfolg zu streben.

► Konzentrieren Sie sich konsequent auf Ihre Leistung. Ihr ausgeprägtes Talent im Bereich Bedeutsamkeit treibt Sie dazu, herausragende Ziele für sich zu beanspruchen. Ihre Leistung muss diesen Zielen entsprechen, anderenfalls werden andere Sie womöglich als Schwätzer abtun.

► Sie laufen zur Höchstform auf, wenn Ihre Leistung sichtbar ist. Suchen Sie Gelegenheiten, die Sie in den Mittelpunkt stellen. Meiden Sie Rollen, die Sie hinter den Kulissen verstecken.

► Sie blühen auf, wenn Sie wichtige Teams oder bedeutende Projekte führen müssen. Sie sind besonders motiviert, wenn alles auf dem Spiel steht. Geben Sie anderen zu verstehen, dass Sie den Ball haben möchten, wenn es im Spiel um alles geht.

► Erstellen Sie eine Liste Ihrer größten Ziele, Leistungen und Qualifikationen, und hängen Sie diese Liste dort auf, wo Sie sie jeden Tag lesen werden. Nutzen Sie diese Liste als Inspirationsquelle.

► Erinnern Sie sich an den Moment, in dem Sie die größte Anerkennung oder das größte Lob erhielten. Was war der Anlass? Von wem kamen die Worte? Wer war das Publikum? Was müssen Sie tun, um diesen Moment neu zu erleben?

▶ Sofern Sie nicht auch ein ausgeprägtes Talent im Bereich Selbstbewusstsein besitzen, müssen Sie damit rechnen, dass Sie sich vor Niederlagen fürchten. Lassen Sie sich durch diese Furcht nicht davon abhalten, Spitzenleistungen für sich zu beanspruchen. Nutzen Sie stattdessen diese Furcht, um sich darauf zu konzentrieren, dass Ihre Leistung Ihren Ansprüchen entspricht.

▶ Sie haben ein instinktives Gefühl dafür, was andere von Ihnen halten. Vielleicht gibt es ein spezifisches Publikum, von dem Sie gerne Zuneigung hätten, und Sie sind bereit, alles Nötige zu tun, um ihre Anerkennung und ihren Beifall zu verdienen. Machen Sie sich bewusst, dass es zwar problematisch werden könnte, sich auf die Anerkennung anderer zu verlassen, doch spricht nichts dagegen, sich Zuneigung oder Bewunderung von den Menschen zu wünschen, die eine Schlüsselrolle in Ihrem Leben spielen.

Zusammenarbeit mit anderen Menschen mit einem ausgeprägten Talent im Bereich Bedeutsamkeit

▶ Wenn Sie mit Menschen mit einem ausgeprägten Talent im Bereich Bedeutsamkeit zusammenarbeiten, nehmen Sie Rücksicht auf deren Bedürfnis nach Unabhängigkeit. Sollten Sie sie herausfordern müssen, machen Sie sich auf eine potenzielle Konfrontation gefasst.

▶ Erkennen Sie an, dass diese Menschen aufblühen, wenn sie ernst gemeinte Anerkennung für ihre Beiträge erhalten. Geben Sie ihnen Handlungsspielraum, aber ignorieren Sie sie niemals.

▶ Geben Sie Menschen mit einem ausgeprägten Talent im Bereich Bedeutsamkeit die Gelegenheit aufzufallen, bekannt zu werden. Sie genießen es, im Mittelpunkt zu stehen.

BEHUTSAMKEIT

»Vorsicht ist besser als Nachsicht« – dieses Motto hat Sie bereits vor manchem Missgeschick bewahrt. Sie sind der Meinung, dass die Welt einigermaßen unberechenbar ist und wollen sich deswegen nicht gerne unnötig exponieren. An der Oberfläche mag es ja noch ganz friedlich zugehen, Sie wittern jedoch bereits das drohende Unheil, das in der Tiefe lauert. Sie halten nichts davon, diese Gefahren zu leugnen, sondern tun im Gegenteil alles, um sie ans Tageslicht zu bringen. Auf diese Weise kann jede einzelne Bedrohung klar identifiziert, eingeschätzt und auf ein Minimum reduziert werden. Es versteht sich von selbst, dass ein relativ ernsthafter Mensch wie Sie dem Leben einigermaßen reserviert gegenübersteht. So planen Sie beispielsweise gerne gleich im Voraus ein, was schief gehen könnte. Auch bei der Auswahl Ihrer Freunde lassen Sie Sorgfalt walten und wenn sich das Gespräch um persönliche Dinge dreht, bleiben Sie lieber zurückhaltend. Um Missverständnissen aus dem Weg zu gehen, verteilen Sie Lob und Anerkennung nur in geringfügigen Dosen. Sie nehmen dafür auch in Kauf, bei anderen Menschen nicht die Hitliste der Beliebtheit anzuführen. Doch das tragen Sie mit Gelassenheit, denn schließlich ist das Leben kein Wettbewerb um Popularität. Für Sie ist es eher eine Art Minenfeld, in das andere, ohne viel nachzudenken, Hals über Kopf hineinstolpern. Sie behalten sich vor, anders vorzugehen. Zunächst einmal wägen Sie die tatsächlichen Gefahren und deren mögliche Auswirkungen ab, und setzen dann behutsam einen Fuß vor den anderen, weil jeder Schritt sorgfältig bedacht sein will.

Und so sprechen Menschen mit einem ausgeprägten Talent im Bereich Behutsamkeit über sich:

Dick H., Filmproduzent:»Bei mir geht es vor allem darum, die Anzahl der Variablen am Drehort zu verringern. Je weniger Variablen, desto geringer das Risiko. Wenn ich mit Regisseuren verhandle, beginne ich immer damit, ihnen bei einigen kleineren Dingen sofort Zugeständnisse zu machen. Wenn ich die kleineren Angelegenheiten erst mal vom Tisch habe, fühle ich mich besser. Dann kann ich mich fokussieren. Ich kann das Gespräch steuern.«

Debbie M., Projektleiterin:»Ich bin eine praktische Person. Wenn meine Kollegen lauter tolle Ideen hervorbringen, stelle ich Fragen wie: ›Wie soll das funktionieren?‹ ›Wie soll das von dieser oder jener Gruppe akzeptiert werden?‹ Ich sage nicht, dass ich den Advocatus Diaboli spiele, weil das zu negativ ist, aber ich wäge die Auswirkungen ab und schätze das Risiko ein. Und ich denke, wir treffen alle aufgrund meiner Fragen bessere Entscheidungen.«

Jamie B., Angestellter im Kundendienst:»Ich bin kein sehr ordentlicher Mensch, aber eins tue ich immer: Ich prüfe zweimal. Ich mache das nicht, weil ich übermäßig verantwortungsbewusst oder sonst etwas bin. Ich mache es, um mich sicher zu fühlen. Ob bei Beziehungen oder bei der Leistung, ich bin übervorsichtig, und ich muss wissen, dass der Ast, auf dem ich sitze, mich trägt.«

Brian B., Angestellter der Schulverwaltung:»Ich stelle einen funktionierenden Schulplan auf. Ich nehme an Konferenzen teil, und an acht verschiedenen Ausschüssen. Wir haben in unserem Bezirk einen Prüfungsausschuss, aber mir gefällt das Grundkonzept nicht. Meine Chefin fragt: ›Wann kann ich den Plan sehen?‹ und ich sage: ›Noch nicht, ich habe ein ungutes Gefühl.‹ Ein Lächeln breitet sich auf ihrem Gesicht aus, und sie sagt: ›Mensch, Brian, es muss nicht perfekt sein, ich brauche einfach einen Plan.‹ Aber sie lässt mich machen, weil sie weiß, dass die Sorgfalt, die ich jetzt aufwende, sich in der Zukunft auszahlt. Wegen dieser Vorarbeiten, die ich leiste, bleiben Entscheidungen, die in unserem Team getroffen wurden, bestehen. Sie müssen nicht umgestoßen werden.«

Handlungsideen

▶ Sie haben ein gutes Urteilsvermögen, somit sollten Sie Aufgaben in Erwägung ziehen, bei denen Sie Ratschläge und Empfehlungen erteilen. Vielleicht liegt Ihnen die Arbeit im Bereich Recht, möglicherweise schmieden Sie gerne solide Geschäftsabschlüsse oder sorgen gewissenhaft für die Einhaltung von Richtlinien.

▶ Welche Position Sie auch innehaben, übernehmen Sie die Verantwortung dafür, anderen dabei zu helfen, ihre Entscheidungen zu durchdenken. Sie können Faktoren sehen, die andere möglicherweise übersehen. Bald werden Sie sicherlich als wertvoller Ratgeber gefragt sein.

▶ Erklären Sie Ihren sorgfältigen Entscheidungsprozess – dass Sie die Risiken hervorheben, um sie zu kontrollieren und zu reduzieren. Sie möchten nicht, dass andere Ihr Talent im Bereich Behutsamkeit als Unsicherheit oder als Angst vor dem Handeln missverstehen.

▶ Sie wecken Vertrauen, weil Sie vorsichtig sind und rücksichtsvoll mit sensiblen Themen umgehen. Nutzen Sie dieses Talent, indem Sie Aufgaben übernehmen, bei denen heikle Fragen und Konflikte zu lösen sind.

▶ Anstatt waghalsige Risiken einzugehen, neigen Sie dazu, an eine Entscheidung vorsichtig heranzugehen. Vertrauen Sie Ihren Instinkten, wenn Sie der Überzeugung sind, dass etwas zu schön ist, um wahr zu sein.

► Beachten Sie die Vorteile eines etablierten Entscheidungsfindungsprozesses gerade in Zeiten des Wandels. Seien Sie bereit, anderen diese Vorteile erklären zu können.

► Lassen Sie nicht zu, dass irgendjemand Sie dazu drängt, zu schnell zu viel von sich preiszugeben. Prüfen Sie Menschen sehr sorgfältig, bevor Sie vertrauliche Informationen mit ihnen teilen. Sie bauen Freundschaften eher langsam auf, seien Sie daher auf Ihren kleinen Kreis guter Freunde stolz.

► Tun Sie sich zusammen mit jemandem mit ausgeprägten Talenten in den Bereichen Autorität, Selbstbewusstsein oder Tatkraft. Gemeinsam treffen Sie solide Entscheidungen.

► Mäßigen Sie die Tendenz anderer, spontane Ideen in Taten umzusetzen, indem Sie eine »Nachdenkzeit« einführen, bevor Entscheidungen getroffen werden. Ihre Vorsicht kann anderen helfen, von Kopflosigkeit weg- und auf kluge Entscheidungen zuzusteuern.

► Erteilen Sie sich selbst die Erlaubnis, Ihre Meinung zurückzuhalten, bis Sie alle Fakten gesammelt und Gelegenheit gehabt haben, über Ihre Haltung nachzudenken. Es ist nicht Ihre Art, Änderungen sofort anzunehmen; vielmehr neigen Sie dazu, über mögliche Folgen nachzudenken und alle Risiken im Blick zu behalten. Als behutsamer Mensch funktionieren Sie als »Bremse« für die impulsiveren Typen, die Ideen schneller in die Tat umsetzen möchten.

Zusammenarbeit mit anderen Menschen mit einem ausgeprägten Talent im Bereich Behutsamkeit

► Bitten Sie Menschen mit einem ausgeprägten Talent im Bereich Behutsamkeit darum, sich Teams oder Gruppen anzuschließen, die zu impulsiven Handlungen neigen. Behutsame Menschen üben einen mäßigenden Einfluss aus, indem sie die dringend benötigte Bedachtsamkeit und Planungsfähigkeit in ein Team einbringen.

► Behutsame Menschen sind häufig sehr gründliche Denker. Bevor Sie eine Entscheidung treffen, bitten Sie sie darum, die Schwachstellen zu ermitteln, die Ihre Pläne zum Scheitern bringen könnten.

► Respektieren Sie, dass Menschen mit einem ausgeprägten Talent im Bereich Behutsamkeit eher verschlossene Personen sein mögen. Ohne darum gebeten zu werden, drängen Sie nicht auf allzu rasche Vertraulichkeit. Und umgekehrt sollten Sie es nicht persönlich nehmen, wenn sie Sie auf Abstand halten.

⊃UNGSFÄHIGKEIT

Sie pflegen Ihre Freundschaften und fühlen sich besonders hingezogen zu Menschen, die Sie bereits kennen. Das bedeutet nicht unbedingt, dass Sie ein scheues Wesen besitzen und neuen Bekanntschaften grundsätzlich aus dem Weg gehen. Möglicherweise gehen
Sie aufgrund anderer Stärken mit Vergnügen auf Fremde zu. Aufgrund Ihres Talents im Bereich Bindungsfähigkeit schätzen Sie jedoch eine vertraute Umgebung. Aus der Nähe zu Ihren Freunden
ziehen Sie Sicherheit und ein behagliches Wohlgefühl. Sobald Sie
jemanden näher kennen gelernt haben, streben Sie eine Vertiefung
der Beziehung an. Sie möchten Ihre Freunde mehr als nur ober-
flächlich kennen und bieten im Gegenzug dazu ebenfalls einen tiefen Einblick in Ihr Leben. Sie sind vom Wunsch beseelt, die Gefühle, Ziele und Träume Ihrer Freunde zu kennen und zu verstehen
und erwarten von ihrem Gegenüber dieselbe Einstellung. Dabei ist
Ihnen ganz klar, dass sich aus einer solch engen Beziehung auch
allerhand Probleme ergeben können. Davon lassen Sie sich jedoch
in keiner Weise abschrecken, Sie interessieren sich nun mal ausschließlich für echte Beziehungen. Und die einzige Möglichkeit,
eine solche Beziehung aufzubauen, besteht darin, sich seinem Gegenüber anzuvertrauen. Je mehr man miteinander teilt, desto grö-
ßer ist auch die Gefahr, dass Schwierigkeiten auftreten. Mit dieser
wachsenden Gefahr bestehen auch zunehmend Möglichkeiten, unter Beweis zu stellen, dass Ihr Interesse am anderen echt ist. Für Sie
sind dies alles Schritte auf dem Weg zu echter Freundschaft, und Sie
sind gerne bereit, einen Schritt nach dem anderen zu machen.

Und so sprechen Menschen mit einem ausgeprägten Talent im Bereich Bindungsfähigkeit über sich:

Jamie T., Unternehmer: »Ich bin äußerst wählerisch bei meinen Freundschaften. Anfangs, wenn ich den Menschen das erste Mal begegne, will ich nicht viel Zeit für sie aufwenden. Ich kenne sie nicht, sie kennen mich nicht, also lassen Sie uns freundlich sein, und das war es dann. Aber wenn die Umstände es so ergeben, dass wir uns besser kennen lernen, scheint es, als ob eine Schwelle erreicht wird, an der ich plötzlich mehr investieren möchte. Ich gebe mehr von mir selbst preis, setze mich für sie ein, tue Dinge für sie, die uns ein wenig näherbringen und zeigen, dass ich ihnen gegenüber nicht gleichgültig bin. Es ist seltsam, weil ich keine Freunde mehr suche. Ich habe genug. Und trotzdem, sobald ich jemanden neu kennenlerne und diese Schwelle überschritten wird, fühle ich mich dazu getrieben, immer mehr zu investieren. Zurzeit arbeiten zehn Leute bei mir, und ich würde jeden von ihnen als einen sehr guten Freund bezeichnen.«

Gavin T., Flugbegleiter: »Ich habe viele wunderbare Bekanntschaften, aber was richtige Freunde angeht, die mir am Herzen liegen, habe ich nicht sehr viele. Und das finde ich ganz gut. Die beste Zeit verbringe ich mit den Leuten, mit denen ich am engsten verbunden bin, wie mit meiner Familie. Wir sind eine sehr eng verbundene irisch-katholische Familie, und wir sind so oft wie möglich zusammen. Wir sind eine große Familie, ich habe fünf Brüder und Schwestern und zehn Nichten und Neffen, aber wir alle treffen uns etwa einmal im Monat und feiern. Ich bin der Katalysator. Wenn ich wieder einmal in Chicago bin, werde ich zum Anlass für diese Treffen, die drei oder vier Tage dauern, auch wenn es keinen Geburtstag oder Jubiläum oder was auch immer zu feiern gibt. Wir genießen es wirklich, zusammen zu sein.«

Tony D., Pilot: »Ich flog früher bei den Marines, und, oh Mann, Sie sollten sich mit dem Wort ›Freund‹ bei den Marines lieber gutstellen. Man musste damit umgehen können, jemandem absolut zu vertrauen. Ich kann nicht sagen, wie oft ich mein Leben in die Hände eines anderen Menschen gab. Ich flog neben seiner Tragfläche, und ich wäre gestorben, wenn mein Freund mich nicht sicher hätte zurückbringen können.«

Handlungsideen

► Finden Sie einen Arbeitsplatz, an dem Freundschaften gern gesehen werden. Sie werden sich in sehr formellen Organisationen nicht wohlfühlen. Wenn Sie ein Vorstellungsgespräch haben, fragen Sie nach dem Arbeitsstil und der Unternehmenskultur beim potenziellen Arbeitgeber.

► Finden Sie bewusst so viel wie möglich über die Menschen heraus, die Sie kennen lernen. Sie wissen gerne über andere Bescheid, und andere freuen sich, wenn jemand über sie Bescheid weiß. So wirken Sie als Katalysator für vertrauensvolle Beziehungen.

► Lassen Sie andere wissen, dass Sie sich mehr für ihren Charakter und ihre Persönlichkeit als für ihren Status oder ihre Stellenbezeichnung interessieren. Das gehört zu Ihren größten Talenten und kann als Vorbild für andere dienen.

► Lassen Sie es sich anmerken, dass Sie sich um andere sorgen. Finden Sie zum Beispiel Personen in Ihrem Unternehmen, die Sie betreuen können, helfen Sie Ihren Kollegen, sich näher kennen zu lernen oder erweitern Sie Ihre Beziehungen über das Büro hinaus.

► Auch wenn Sie sehr beschäftigt sind, bleiben Sie mit Ihren Bekannten und Freunden in Kontakt, denn sie sind Ihr Treibstoff.

▶ Seien Sie ehrlich gegenüber Ihren Bekannten. Wer sich wirklich um andere sorgt, hilft ihnen, ein erfolgreiches und erfülltes Leben zu führen. Sie stellen Ihr Mitgefühl unter Beweis, wenn Sie Ihren Bekannten ehrliches Feedback geben oder sie darin ermutigen, eine Rolle aufzugeben, in der sie sich abquälen.

▶ Ihnen ist wahrscheinlich lieber, dass man Sie als Person, als gleichberechtigter Partner oder als Freund anstatt als Funktionsträger, als Vorgesetzte oder über Ihren Titel wahrnimmt. Informieren Sie andere, dass sie Sie mit Vornamen oder per Du ansprechen dürfen und nicht siezen müssen.

▶ Sie neigen dazu, die besonders einnehmenden Aspekte Ihrer Persönlichkeit erst dann zu zeigen, wenn Sie eine gewisse Offenheit bei Ihrem Gesprächspartner verspüren. Bedenken Sie, dass Beziehungen keine Einbahnstraßen sind. Geben Sie mehr von sich preis, damit andere Ihr wahres und ehrliches Ich erkennen. Damit schaffen Sie mehr Gelegenheiten, um starke, dauerhafte Beziehungen aufzubauen.

▶ Nehmen Sie sich Zeit für Ihre Familie und Ihre Freunde. Sie müssen Ihre Mußestunden mit geliebten Menschen verbringen, um Ihr Talent im Bereich Bindungsfähigkeit zu »nähren«. Planen Sie Aktivitäten ein, die es Ihnen ermöglichen, den Menschen noch näher zu kommen, die Sie glücklich machen und erden.

▶ Bemühen Sie sich, Zeit mit Ihren Kollegen außerhalb des Büros zu verbringen, und wenn es nur darum geht, mit ihnen zum Mittagessen zu gehen oder einen Kaffee zu trinken. So bauen Sie Beziehungen mit größerer Verbundenheit auf, was wiederum effektivere Teamarbeit und bessere Kommunikation fördern kann.

Zusammenarbeit mit anderen Menschen mit einem ausgeprägten Talent im Bereich Bindungsfähigkeit

▶ Menschen mit einem ausgeprägten Talent im Bereich Bindungsfähigkeit genießen den Aufbau tiefer Bindungen mit ihren Kollegen. Da die Entwicklung ebendieser einige Zeit benötigt, müssen Sie sich regelmäßig um Ihre Beziehungen zu bindungsfähigen Menschen kümmern.

▶ Teilen Sie diesen Menschen direkt mit, dass sie Ihnen am Herzen liegen. Aussagen dieser Art werden sie nicht für unangebracht halten, sondern willkommen heißen. Da sie ihr Leben um ihre engen Beziehungen herum organisieren, werden sie wissen wollen, woran sie bei Ihnen sind.

▶ Teilen Sie vertrauliche Informationen mit Menschen mit einem ausgeprägten Talent im Bereich Bindungsfähigkeit. Sie sind zuverlässig, legen großen Wert auf Verschwiegenheit und werden Ihr Vertrauen im Gegenzug nicht enttäuschen.

DISZIPLIN

Für Sie gibt es nichts Schlimmeres als eine unübersichtliche Umgebung. Sie haben ein Bedürfnis nach Ordnung und Planung und bringen feste Strukturen in Ihre Umwelt. Sie orientieren sich an festen Gewohnheiten und legen Zeitrahmen und Fristen fest. Langfristige Projekte teilen Sie in mehrere kürzere, überschaubare Abschnitte auf, die Sie sorgfältig abarbeiten. Möglicherweise sind Sie nicht in jeder Hinsicht ganz und gar ohne jeden Makel, worauf Sie jedoch keinesfalls verzichten können, ist Präzision. Ihrer Meinung nach bringt das Leben bereits genug Durcheinander mit sich, deswegen ist es wichtig, dass Sie die Dinge fest im Griff haben. Ihre Gewohnheiten, Zeitpläne und festen Strukturen sorgen dafür, dass Sie die Kontrolle nicht verlieren. Möglicherweise können weniger disziplinierte Zeitgenossen Ihr Bedürfnis nach Ordnung nicht immer nachvollziehen, dies muss jedoch nicht unbedingt zum Konflikt führen. Sie sollten verstehen, dass Ihr Bedürfnis nach Übersichtlichkeit nicht von jedem geteilt wird. Viele Menschen werden auf andere Weise mit ihrem Leben fertig. Sie können Ihre Mitmenschen jedoch dadurch unterstützen, dass Sie ihnen eine Orientierung an festen Strukturen nahebringen. Sie mögen keine Überraschungen, ärgern sich über Fehler und pflegen Gewohnheiten und Routinen, die nicht zwangsläufig mit Kontrollverhalten und Pingeligkeit gleichzusetzen sind. Vielmehr handelt es sich hier um Verhaltensweisen, dank derer Sie sich in einer Umgebung, die jede Menge Ablenkungen bereithält, nicht von Ihren eigentlichen Zielen abbringen lassen.

Und so sprechen Menschen mit einem ausgeprägten Talent im Bereich Disziplin über sich:

Les T., Gastronomie-Manager: »Der Wendepunkt in meiner Karriere war vor einigen Jahren die Teilnahme an einem jener Zeitmanagement-Kurse. Ich war immer diszipliniert, aber ich nutze diese Fähigkeit intensiver, seit ich lernte, meine Disziplin jeden Tag in einem festgelegten Verfahren zu nutzen. Dieser kleine Palm Pilot bedeutet, dass ich meine Mutter jeden Sonntag anrufe, statt zwei Monate ohne Anruf verstreichen zu lassen. Er bedeutet, dass ich jede Woche mit meiner Frau essen gehe, ohne dass sie fragen muss. Er bedeutet, dass meine Mitarbeiter wissen, dass ich, wenn ich etwas am Montag sehen will, am Montag anrufen werde, wenn ich es nicht gesehen habe. Dieser Palm Pilot ist so sehr zum Teil meines Lebens geworden, dass ich an allen meinen Hosen die Gesäßtasche verlängern ließ, damit er dort hineinpasst.«

Troy T., Verkaufsleiter: »Mein Ablagesystem mag nicht gerade schön aussehen, aber es ist sehr effizient. Ich schreibe alles mit der Hand auf, weil ich weiß, dass kein Kunde diese Akten sehen wird, warum soll ich also Zeit damit vergeuden, sie schön aussehen zu lassen? Mein ganzes Leben als Verkäufer beruht auf Terminen und darauf, Geschehenes in Akten festzuhalten. In meinem System kann ich alles nachverfolgen, sodass ich die Verantwortung nicht nur für meine Termine und Akten übernehme, sondern auch für meine Kunden und Kollegen. Wenn sie sich nicht wieder zu der versprochenen Zeit bei mir melden, werden sie eine E-Mail von mir erhalten. Wirklich, eines Tages sagte einer von ihnen: ›Ich werde ohnehin auf Sie zurückkommen, weil ich weiß, dass Sie mir eine Voice-Mail schicken, wenn Sie nichts von mir hören.‹«

Diedre S., Büroleiterin: »Ich hasse Zeitvergeudung, also mache ich Listen, lange Listen, die mich bei der Stange halten. Heute stehen 19 Punkte auf meiner Liste, und ich werde 95 Prozent davon abarbeiten. Und das ist Disziplin, weil ich niemanden meine Zeit vergeuden lasse. Ich bin nicht unhöflich, aber ich kann Sie auf sehr taktvolle, humorvolle Weise wissen lassen, dass Sie mich lange genug haben warten lassen.«

Handlungsideen

► Zögern Sie nicht, so oft wie nötig zu überprüfen, ob alles nach Plan verläuft. Sie verspüren sowieso einen Drang dies zu tun, und andere werden es bald von Ihnen erwarten.

► Akzeptieren Sie, dass Fehler Sie möglicherweise bedrücken werden. Präzision mag zwar eine Kernkomponente Ihres Wesens sein, dennoch müssen Sie einen Weg finden, sich von Fehlern nicht entmutigen zulassen.

► Erkennen Sie, dass andere wahrscheinlich nicht so diszipliniert sind wie Sie. Höchstwahrscheinlich wird Sie ihr holpriger Arbeitsprozess zur Verzweiflung bringen. Sehen Sie darüber hinweg, und legen Sie Ihren Fokus auf die Ergebnisse und nicht auf den Prozess.

► Genauigkeit ist Ihre Stärke, Sie studieren gerne Details. Suchen Sie nach Gelegenheiten, um Verträge, wichtige Mitteilungen oder Finanzdokumente nach Fehlern zu überprüfen. So können Sie sich und anderen teure Fehler und Peinlichkeiten ersparen.

► Effizienzsteigerung gehört zu Ihren Markenzeichen. Im Herzen sind Sie Perfektionist. Entdecken Sie Situationen, wo Zeit oder Geld aus mangelnder Effizienz vergeudet werden, und schaffen Sie Systeme oder Abläufe zur Effizienzsteigerung.

► Es reicht Ihnen nicht, selbst Ordnung zu schaffen. Sie brauchen auch einen gut organisierten Arbeitsplatz. Investieren Sie Geld für Möbel und Organisationssysteme, die es Ihnen ermöglichen, Struktur und Ordnung zu schaffen.

► Fristen motivieren Sie. Haben Sie eine Aufgabe zu erledigen, möchten Sie die Deadline kennen, damit Sie Ihre Arbeit entsprechend planen können. Wenden Sie Ihr Talent im Bereich Disziplin an, indem Sie anderen Ihren Schritt-für-Schritt-Plan erläutern. Diese werden Ihre Hinweise zu schätzen wissen, da Sie alle Beteiligten auf Kurs halten.

► Andere mögen Ihr Talent im Bereich Disziplin mit fehlender Flexibilität verwechseln. Erklären Sie ihnen, dass Ihre Disziplin Ihnen hilft, mehr Effektivität in einen Tag zu packen – weil Sie Prioritäten setzen. Wenn Sie mit anderen zusammenarbeiten, die nicht so diszipliniert sind, bitten Sie sie um klare Fristen, damit Sie Ihre Arbeitsbelastung anpassen können, um ihren Forderungen nachzukommen.

► Suchen Sie sich Positionen und Verantwortlichkeiten aus, die strukturiert sind.

► Schaffen Sie Routinen, die von Ihnen verlangen, dass Sie Aufgaben konsequent durchziehen. Mit der Zeit werden Ihre Mitmenschen lernen, eine solche Vorhersehbarkeit zu schätzen.

Zusammenarbeit mit anderen Menschen mit einem ausgeprägten Talent im Bereich Disziplin

► Wenn Sie an einem Projekt mit Menschen mit einem ausgeprägten Talent im Bereich Disziplin arbeiten, kündigen Sie ihnen anstehende Termine an. Disziplinierte Menschen empfinden das

Bedürfnis, Aufgaben vorzeitig zu erledigen, und das ist nicht möglich, wenn Sie ihnen diese Fristen nicht mitteilen.

► Überraschen Sie disziplinierte Menschen nicht mit Änderungen von Plänen und Prioritäten. Das Unerwartete ist für sie belastend. Es kann ihnen den Tag verderben.

► Fehlorganisationen werden Menschen mit einem ausgeprägten Talent im Bereich Disziplin belasten. Erwarten Sie nicht, dass sie es lange in einem unordentlichen Umfeld aushalten.

EINFÜHLUNGSVERMÖGEN

Sie haben ein Gespür für die Gefühle Ihrer Mitmenschen. Sie können sich in andere hineinversetzen und sind in der Lage, die Welt aus deren Perspektive zu betrachten. Dabei haben Sie sehr wohl Ihre eigene Sicht der Dinge. Sie sind auch nicht notwendigerweise geneigt, jeden Pechvogel, der Ihnen über den Weg läuft, zu bedauern. Hierin unterscheidet sich Einfühlungsvermögen grundsätzlich von Mitleid. Möglicherweise heißen Sie nicht alles gut, was andere tun. Sie können sie jedoch verstehen, und mit dieser Fähigkeit können Sie viel bewirken. Sie hören nämlich auch die unausgesprochenen Fragen und erfassen auf intuitive Weise die Bedürfnisse anderer Menschen. Wo andere um Worte ringen, finden Sie nicht nur die richtigen Worte, sondern treffen auch den richtigen Ton. Mit Ihrem Einfühlungsvermögen machen Sie anderen ihre eigenen Emotionen erst richtig bewusst, und deren Gefühlsleben nimmt Gestalt an. Eine ganze Reihe von Gründen, aufgrund derer sich Menschen zu Ihnen hingezogen fühlen.

Und so sprechen Menschen mit einem ausgeprägten Talent im Bereich Einfühlungsvermögen über sich:

Alyce J., Geschäftsführerin: »Vor kurzem nahm ich an einem Treffen von Treuhändern teil, bei dem eine Teilnehmerin eine neue Idee vortrug, die für sie und den Fortbestand dieser Gruppe entscheidend war. Als sie fertig war, hatte niemand ihre Meinung gehört. Niemand hatte ihr wirklich zugehört. Es war ein schlimmer, demoralisierender Augenblick für sie. Ich konnte es ihrem Gesicht ansehen, und sie war die folgenden ein oder zwei Tage danach nicht sie selbst. Ich besprach die Sache schließlich mit ihr und half ihr, zu beschreiben, wie sie sich fühlte. Ich sagte: ›Etwas stimmt nicht‹, und sie begann zu reden. Ich sagte: ›Ich verstehe das gut. Ich weiß, wie wichtig das für Sie war, und Sie schienen außer sich‹, und so weiter. Und sie ging schließlich darauf ein, was in ihr vorging. Sie sagte: ›Sie sind die Einzige, die mir zugehört und die darüber mit mir gesprochen hat.‹«

Brian H., Geschäftsführer: »Wenn mein Team Entscheidungen trifft, sage ich gern: ›Okay, was wird diese Person dazu sagen? Was wird jene Person dazu sagen?‹ Mit anderen Worten, versetzen Sie sich selbst in ihre Lage. Lassen Sie uns über die Argumente aus ihrer Perspektive nachdenken, dann können wir umso überzeugender argumentieren.«

Janet P., Lehrerin: »Ich habe noch niemals Basketball gespielt, weil es das in meiner Kindheit für Frauen nicht gab, aber ich glaube, dass ich in einem Basketballspiel sagen kann, wann sich das Spiel entscheidet, und dann möchte ich zu dem Trainer gehen und sagen: ›Treib sie an. Sie verlieren.‹ Einfühlungsvermögen wirkt auch in großen Gruppen; man kann die Menge fühlen.«

Handlungsideen

▶ Verhelfen Sie Ihren Bekannten und Kollegen zu mehr Sensibilität, wann andere eine schwere Zeit durchmachen. Denken Sie daran, dass die meisten Menschen Ihr Talent für Einfühlungsvermögen für heikle Situationen nicht haben.

- Handeln Sie schnell und energisch, wenn das Verhalten anderer für sie selbst oder andere ungesund ist. Auch wenn Sie die psychische Verfassung eines anderen verstehen, heißt das noch lange nicht, dass Sie dieses Verhalten gutheißen müssen. Seien Sie sich dessen bewusst, dass andere Sie vielleicht als »weichherzig« abtun werden, wenn Ihre Empathie in Mitgefühl umschlägt.

- Tun Sie sich mit jemandem zusammen mit ausgeprägten Talenten in den Bereichen Autorität oder Tatkraft. Diese Person wird Ihnen helfen, die nötigen Maßnahmen zu ergreifen, auch wenn Menschen dadurch vielleicht gekränkt sind.

- Ziehen Sie in Erwägung, anderen als Vertrauensperson oder Mentor zu dienen. Da Ihnen Vertrauen von größter Bedeutung ist, werden sich Menschen wahrscheinlich trauen, mit ihren Anliegen zu Ihnen zu kommen. Ihre Diskretion und Ihre aufrichtige Hilfsbereitschaft werden Ihnen hoch angerechnet.

- Zuweilen kann Sie Ihr Einfühlungsvermögen überwältigen. Schaffen Sie Rituale, die Sie am Ende Ihres Arbeitstages anwenden können, um sich selbst zu signalisieren, dass Sie mit der Arbeit fertig sind. So helfen Sie sich selbst, Ihre Emotionen zu schützen und einen Burn-out zu vermeiden.

- Finden Sie eine Person in Ihrem Bekanntenkreis, die auch ein ausgeprägtes Einfühlungsvermögen hat, und besprechen Sie Ihre Beobachtungen mit dieser Person.

- Ihr Gespür für die Gefühle anderer Menschen ermöglicht es Ihnen, die Grundstimmung in einem Raum sofort zu erfassen. Nutzen Sie Ihr Talent, um eine Brücke zu bauen, die Verständnis und gegenseitige Unterstützung schafft. Insbesondere in schwierigen Zeiten wird Ihr Einfühlungsvermögen besonders wichtig sein, da es Ihre Anteilnahme verdeutlicht und so Loyalität schaffen wird.

► Es freut Sie, das Glück anderer mitzuerleben. Folglich sind Sie daran gewöhnt, die Erfolge anderer zu unterstreichen und ihre Leistung positiv zu stärken. Äußern Sie bei jeder Gelegenheit Worte der Anerkennung oder Wertschätzung. So machen Sie nachhaltig einen engagierten Eindruck.

► Da Sie bemerken, wie andere sich fühlen, nehmen Sie intuitiv wahr, was gleich passieren wird, bevor es allgemein bekannt wird. Auch wenn Ihnen Ihre Ahnungen manchmal nur wie »Gefühle« vorkommen mögen, sollten Sie sie bewusst zur Kenntnis nehmen. Es kann sein, dass sie sich als wertvoller Vorteil erweisen.

► Manchmal braucht Einfühlungsvermögen gar keine Worte. Bisweilen braucht jemand nur eine nette Geste, um sich beruhigen zu können. Nutzen Sie Ihr Talent im Bereich Einfühlungsvermögen, um andere nonverbal zu beruhigen – mit einem Blick, einem Lächeln oder einer Berührung am Arm.

Zusammenarbeit mit anderen Menschen mit einem ausgeprägten Talent im Bereich Einfühlungsvermögen

► Bitten Sie Menschen mit einem ausgeprägten Talent im Bereich Einfühlungsvermögen darum, Ihnen verstehen zu helfen, wie sich bestimmte Menschen in Ihrer Organisation fühlen. Sie haben ein Gespür für die Gemütsregungen anderer.

► Bevor Sie diese Menschen zu einer bestimmten Vorgehensweise verpflichten, fragen Sie Menschen mit Einfühlungsvermögen, wie sie sich fühlen und wie andere sich fühlen, was die Thematik betrifft. Für sie sind Emotionen genauso echt wie andere, konkretere Faktoren und müssen bei der Entscheidungsfindung miteinbezogen werden.

► Wenn es Mitarbeitern oder Kunden schwerfällt zu verstehen, warum eine Handlung notwendig ist, bitten Sie Menschen mit einem ausgeprägten Talent im Bereich Einfühlungsvermögen um Hilfe. Möglicherweise können sie erspüren, was andere übersehen.

EINZELWAHRNEHMUNG

Sie sind fasziniert von den einzigartigen Veranlagungen, die Sie bei jedem einzelnen Menschen wahrnehmen. Verallgemeinerungen und sämtliche Ausprägungen von Schubladendenken sind Ihnen dagegen zuwider. Sie sind der Meinung, dass bei einer Denkweise, die sich in erster Linie an festen Kategorien orientiert, die Hauptsache übersehen wird, nämlich die Einzigartigkeit jedes Menschen. Ihre ganze Aufmerksamkeit gilt den Unterschieden, die zwischen verschiedenen Personen bestehen. Aufmerksam beobachten Sie einzelne Menschen, und dabei entgeht Ihnen nichts: Wie jemand denkt, was ihn im Innersten umtreibt, wie er Beziehungen aufbaut, welchen Stil er pflegt, Sie registrieren einfach alles. Der Umgang mit Ihren Mitmenschen wird durch Ihre Fähigkeit zur differenzierten Wahrnehmung erheblich erleichtert. Für Sie ist es beispielsweise ein Leichtes, das richtige Geburtstagsgeschenk auszuwählen oder Personen, die gerne in der Öffentlichkeit gelobt werden, anders zu behandeln, als Menschen, die Sie mit öffentlicher Anerkennung nur in Verlegenheit bringen würden. Als Lehrer werden Sie mit Ihrem Unterrichtsstil sowohl Schülern gerecht, die mehr persönliche Führung brauchen, als auch denjenigen, die lieber selbst herausfinden, wie etwas funktioniert. Mit Ihrem ausgeprägten Blick für die Stärken Ihrer Mitmenschen können Sie sie dabei unterstützen, ihre starken Seiten optimal zu nutzen. Indem Sie beispielsweise einer bestimmten Person mitteilen, welche Begabung Sie an ihr beobachtet haben, schaffen Sie es, dass sie sich bemüht, noch mehr aus sich herauszuholen. Und selbstverständlich sind Sie dank Ihrer Beobachtungsgabe auch in der

Lage, produktive Arbeitsteams zusammenzustellen. Während andere sich in kühne Theorien über die perfekte Teambildung hineinsteigern, sind Sie davon überzeugt, dass es in erster Linie darum geht, die einzelnen Rollen im Team richtig zu verteilen und dabei den einzelnen Mitarbeitern die Gelegenheit zu geben, ihre Stärken optimal einzusetzen.

Und so sprechen Menschen mit einem ausgeprägten Talent im Bereich Einzelwahrnehmung über sich

Les T., Gastronomie-Manager:»Carl ist einer unserer besten Leute, aber wir sprechen trotzdem noch jede Woche miteinander. Er braucht einfach das bisschen Aufmunterung und den Rückhalt, und danach ist er immer motiviert. Demgegenüber möchte Greg mich nicht so oft sehen, und deshalb brauche ich mich um ihn nicht zu kümmern. Und wenn wir uns sprechen, ist das eigentlich mehr meinetwegen.«

Marsha D., Verlagsleiterin:»Manchmal gehe ich aus meinem Büro, und – Sie kennen doch diese Sprechblasen über den Köpfen von Comicfiguren? – ich kann diese kleinen Blasen über jedem Kopf sehen, die mir sagen, was darin vorgeht. Es klingt verrückt, nicht wahr, aber es geschieht immer wieder.«

Giles G., Verkaufsleiter:»Ich bin ziemlich neu in dieser Position, aber aus der ersten Anfangszeit kann ich mich an eine bestimmte Besprechung erinnern, als wir mit einem Thema nicht weiterkamen und um den heißen Brei herumredeten. Ich war frustriert und dachte plötzlich: ›Diese Leute haben mich noch nie wütend gesehen. Jetzt werde ich es ihnen einmal zeigen, um dann zu sehen, wie der Einzelne darauf reagiert.‹ Also wurde ich wütend, und es war interessant zu sehen, wie einige Leute es akzeptierten, andere es als Herausforderung verstanden und wieder andere sich verkrochen.

Die Reaktionen sagten mir etwas über die einzelnen Personen aus, was mir nützte, um vorwärts zu kommen.«

Andrea H., Innenarchitektin: »Wenn Sie die Leute fragen, was ihr Einrichtungsstil ist, haben sie Schwierigkeiten, ihn zu beschreiben, deshalb frage ich sie: ›Was ist Ihr liebster Platz hier im Haus?‹ Und wenn ich das frage, leuchten ihre Gesichter auf, und dann wissen sie, wohin sie mich führen müssen. Von diesem einen Fleck an beginne ich dann, die Leute einzuschätzen und zu erkennen, was ihr Stil ist.«

Handlungsideen

▶ Wählen Sie einen Beruf, in dem Ihre Einzelwahrnehmungstalente sowohl genutzt als auch geschätzt werden, wie etwa als Berater, Betreuer, Lehrer, im Vertrieb oder als Journalist für »menschliche Geschichten«. Ihre Fähigkeit, Menschen als einzigartige Individuen zu sehen, ist ein besonderes Talent.

▶ Werden Sie Experte in der Beschreibung Ihres eigenen Talents und Ihres eigenen Stils. Beantworten Sie Fragen wie: Was ist das höchste Lob, das Sie je erhalten haben? Wie häufig halten Sie Rücksprache mit Ihrem Vorgesetzten? Welche Methode hat für Sie am besten funktioniert, um Beziehungen aufzubauen? Wie lernen Sie am besten? Stellen Sie anschließend Ihren Kollegen und Bekannten die gleichen Fragen. Helfen Sie ihnen bei der Zukunftsplanung, indem sie mit ihren Stärken anfangen und anschließend eine Zukunft auf Basis dieser Stärken bauen.

▶ Helfen Sie anderen zu verstehen, dass die wahre Vielfalt in den kleinen Unterschieden zwischen den einzelnen Menschen steckt – ungeachtet ihrer Herkunft, ihres Geschlechts oder ihrer Nationalität.

► Erklären Sie Ihren Mitmenschen, dass es angebracht, gerecht und effektiv ist, jede Person anders zu behandeln. Menschen ohne ausgeprägtes Talent im Bereich Einzelwahrnehmung erkennen womöglich die Unterschiede nicht unter Individuen und pochen darauf, dass die Individualisierung ungleich sei und folglich ungerecht. Sie werden Ihre Perspektive sehr detailliert auslegen müssen, um sie zu überzeugen.

► Finden Sie heraus, was jede Person in Ihrem Team am besten kann und helfen Sie ihnen, aus ihren Talenten, ihren Fähigkeiten und ihren Kenntnissen Nutzen zu ziehen. Sie werden möglicherweise Ihre Begründung und Ihre Philosophie ausführlich erläutern müssen, damit Menschen verstehen, dass Ihnen ihr Wohlergehen am Herzen liegt.

► Sie spüren und erkennen die Vorlieben und Abneigungen anderer an und haben die Fähigkeit, Vorgänge und Arbeitsumgebungen zu personalisieren, was Sie in eine einzigartige Position versetzt. Nutzen Sie Ihr Einzelwahrnehmungstalent, um da anzusetzen, wo ein Universalkonzept nicht funktioniert.

► Sensibilisieren Sie Ihre Kollegen und Bekannte für die individuellen Bedürfnisse eines jeden Menschen. Bald werden sich die Menschen an Sie wenden, um die Beweggründe und Handlungen anderer zu ergründen.

► Ihre Präsentationen und Reden sind am interessantesten, wenn Sie Ihr Thema auf die Erfahrungen einzelner Personen im Publikum ausrichten. Nutzen Sie Ihr Talent im Bereich Einzelwahrnehmung, um Geschichten aus dem wahren Leben zu sammeln und mit anderen zu teilen. Argumente lassen sich eher mit Geschichten als durch allgemeine Informationen oder Theorien veranschaulichen.

► Sie fühlen sich in einer großen Bandbreite von Stilrichtungen und Kulturen wohl und personalisieren Ihren Umgang mit anderen instinktiv. Nutzen Sie dieses Talent bewusst und proaktiv, indem Sie Aktionen im Bereich Vielfalt und Gemeinschaft anführen.

► Ihr ausgeprägtes Talent im Bereich Einzelwahrnehmung kann Ihnen dabei helfen, Daten aus einem anderen Blickwinkel zu interpretieren. Während andere die Ähnlichkeiten suchen, stellen Sie die Einzigartigkeit heraus. Ihre Interpretationen liefern eine wertvolle zusätzliche Perspektive.

Zusammenarbeit mit anderen Menschen mit einem ausgeprägten Talent im Bereich Einzelwahrnehmung

► Wenn Sie Schwierigkeiten damit haben, die Perspektive einer anderen Person zu verstehen, sollten Sie Menschen mit einem ausgeprägten Talent im Bereich Einzelwahrnehmung um ihre Erkenntnisse bitten. Sie können Ihnen die Welt durch die Augen anderer zeigen.

► Wollen Sie mehr über Ihre einzigartigen Talente herausfinden und wissen, wie Sie sich von der breiten Masse abheben, sollten Sie Menschen mit Einzelwahrnehmung darum bitten, ihre Einschätzung mit Ihnen zu teilen.

► Sprechen Sie mit Menschen mit einem ausgeprägten Talent im Bereich Einzelwahrnehmung, wenn Sie Probleme mit einem Kollegen haben. Sie haben immer eine verlässliche Intuition für die angemessene Behandlung jeder einzelnen Person.

ENTWICKLUNG

Sie sehen in anderen Menschen hauptsächlich das verborgene Potenzial. Sie sind der Ansicht, dass in Sachen Entwicklung niemandem Grenzen gesetzt sind. Jeder hat die Möglichkeit, sich immer noch weiter zu entfalten, und in jedem Menschen steckt eine Menge nicht verwirklichtes Können. Sie werden von diesem Potenzial angezogen. Ihnen geht es darum, anderen zum Erfolg zu verhelfen, sie aus der Reserve zu locken. Sie machen sich Gedanken darüber, welche Erfahrungen die Weiterentwicklung von anderen fördern könnten. Und Sie halten unermüdlich Ausschau nach vagen Anzeichen von Wachstum, wie zum Beispiel eine veränderte Verhaltensweise, optimierte Fertigkeiten, ein erhöhtes Qualitätsniveau oder fließende Bewegungen anstelle von ungelenken Schritten. Diese Anzeichen werden von anderen leichtfertig übersehen, für Sie sind sie jedoch eindeutige Signale dafür, dass ein Mensch wächst und seine Fähigkeiten weiterentwickelt. Sie selbst beziehen aus den Wachstumssignalen, die Sie an anderen bemerken, Stärke und Genugtuung. Und viele Menschen schätzen Ihre Hilfe und Unterstützung gerade deshalb, weil sie sich darüber im Klaren sind, dass Sie es mit Ihrer Hilfsbereitschaft aufrichtig meinen und sich auf diese Weise selber eine Freude machen.

Und so sprechen Menschen mit einem ausgeprägten Talent im Bereich Entwicklung über sich:

Marilyn K., College-Präsidentin: »Wenn zur Examenszeit eine Krankenschwesternschülerin über die Bühne geht, ist es gewöhnlich eine Frau um die 35. Sie bekommt ihr Diplom, und etwa 18 Stuhlreihen weiter hinten steht ein kleines Kind auf einem Stuhl und ruft: ›Ja, Mami!‹ Das liebe ich. Ich weine jedes Mal.«

John M., Werbefachmann: »Ich bin kein Rechtsanwalt, Arzt oder Kerzenhersteller. Meine Fertigkeiten sind anders. Sie haben damit zu tun, die Menschen und Motive zu verstehen, und der Spaß, den ich habe, beruht darauf, Leute zu beobachten, wie sie sich selbst entdecken, wie sie es nie für möglich gehalten hätten, und darauf, Menschen zu finden, die Talente aufweisen, die ich nicht habe.«

Anna G., Krankenschwester: »Ich habe eine Patientin, eine junge Frau, mit einem so schweren Lungenschaden, der dazu geführt hat, dass sie ihr Leben lang Sauerstoff brauchen wird. Sie wird niemals die Energie oder die Stärke haben, ein normales Leben zu führen. Ich kam in das Krankenzimmer, und sie war verzweifelt. Sie wusste nicht, ob sie nicht atmen konnte, weil sie ängstlich war, oder ob sie ängstlich war, weil sie nicht atmen konnte. Und sie sprach von Selbstmord, weil sie nicht arbeiten konnte, ihren Mann nicht unterstützen konnte. Und deshalb brachte ich sie dazu, darüber nachzudenken, was sie tun könnte, statt über das, was sie nicht tun kann. Es stellte sich heraus, dass sie sehr kreativ und handwerklich geschickt ist, und deshalb sagte ich ihr: ›Sehen Sie, es gibt Dinge, die Sie tun können, und wenn diese Dinge Ihnen Freude bereiten, dann tun Sie sie. Es ist ein Anfang.‹ Und sie weinte und sagte: ›Ich habe nur die Energie, eine einzige Schüssel zu töpfern.‹ Ich sagte: ›Das ist heute. Morgen können Sie zwei töpfern.‹ Und zu Weihnachten stellte sie alle möglichen Dinge her und verkaufte sie sogar.«

Handlungsideen

▶ Erstellen Sie eine Liste der Menschen, denen Sie geholfen haben, zu lernen und zu wachsen. Schauen Sie sich die Liste oft an, und erinnern Sie sich daran, was Sie bewirkt haben.

▶ Suchen Sie sich Positionen, in denen die Wachstumsförderung zu Ihren Haupttätigkeiten zählt. Eine Rolle als Lehrer, Coach oder Managerin könnte sich als besonders befriedigend für Sie herausstellen.

▶ Achten Sie auf den Erfolg anderer, und berichten Sie ihnen davon. Sagen Sie ganz genau, was Sie gesehen haben. Ihre detaillierte Beobachtung der Schritte, die zu ihrem Erfolg führten, werden den Wachstum Ihrer Mitmenschen fördern.

▶ Finden Sie den Mentor oder die Mentoren, die etwas Besonderes in Ihnen gesehen haben. Nehmen Sie sich die Zeit, sich bei ihnen dafür zu bedanken, dass Sie Ihnen bei Ihrer Entwicklung geholfen haben, auch wenn das bedeutet, dass Sie dafür einen ehemaligen Lehrer ausfindig machen müssen, um ihm einen Brief zu schicken.

▶ Schließen Sie sich mit Menschen mit einem ausgeprägten Talent im Bereich Einzelwahrnehmung zusammen. Diese können Ihnen helfen zu erkennen, in welchen Bereichen jeder Einzelne die größten Talente hat. Ohne diese Hilfe könnten Sie dazu neigen, Menschen in den Bereichen zu fördern, wo ihnen wirkliches Talent fehlt.

▶ Vermeiden Sie es, jemanden zu unterstützen, der ständig mit seiner Rolle hadert. In solchen Fällen können Sie als einzige entwicklungsfördernde Handlung diesen Menschen dazu anspornen, eine andere Position zu finden – eine Position, die passt.

▶ Sie werden immer den Drang verspüren, mehr Menschen als Mentor zu begleichen, als es Ihnen möglich ist. Um diesem inneren Drang nachzugehen und gleichzeitig einen Hauptfokus als Mentor aufrechtzuhalten, erwägen Sie, als »Momentmentor« zu fungieren. Viele besondere und unvergessliche entwicklungspsychologische Momente kommen dann zustande, wenn die richtigen Worte zum richtigen Zeitpunkt gesprochen werden – Worte, die Verständnis verdeutlichen, Leidenschaft wieder entfachen, Augen für eine Chance öffnen und den Lebensverlauf ändern.

▶ Investieren Sie nicht zu viel in hoffnungslose Fälle. Ihre natürliche Neigung, das Beste in Menschen und Situationen zu sehen, kann einen blinden Fleck schaffen, der Sie davon abhält, sich den wirklich erfolgversprechenden Fällen zu widmen.

▶ Ihr Talent könnte Sie dazu verleiten, sich dermaßen für das Wachstum anderer einzusetzen, dass Sie Ihre eigene Entwicklung vernachlässigen. Vergessen Sie nicht, dass Sie nichts geben können, was Sie nicht haben. Möchten Sie einen größeren Einfluss auf das Wohlergehen und das Wachstum anderer haben, müssen Sie selbst weiterwachsen. Finden Sie einen Mentor oder einen Coach, der in Sie investiert.

▶ Erstellen Sie eine Liste der Menschen, denen Sie bei ihrer Entwicklung helfen möchten. Schreiben Sie auf, welche Stärken sie Ihres Erachtens haben. Planen Sie Zeit dafür ein, sich regelmäßig mit jedem von ihnen zu treffen – auch, wenn es nur 15 Minuten sind –, und besprechen Sie bewusst ihre Ziele und ihre Stärken.

Entwicklung

Zusammenarbeit mit anderen Menschen mit einem ausgeprägten Talent im Bereich Entwicklung

► Bestätigen Sie das Selbstbild von Menschen mit einem ausgeprägten Talent im Bereich Entwicklung als jemanden, der andere dazu ermutigt, sich auszuprobieren und zu Höchstform aufzulaufen. Sagen Sie ihnen zum Beispiel: »Alleine hätten Ihre Kollegen den Rekord nie gebrochen. Ihre Ermutigung und Ihr Selbstbewusstsein gaben ihnen den entscheidenden Funken, den sie brauchten.«

► Wenden Sie sich an diese Menschen, wenn Kollegen eine Anerkennung erhalten sollten. Sie werden gerne diejenigen Leistungsträger auswählen, die Lob verdienen, und ihre Kollegen, die die Anerkennung bekommen, wissen, dass sie echt ist.

► Bitten Sie Menschen mit einem ausgeprägten Talent im Bereich Entwicklung um Hilfe dabei, selbst in Ihrem Job zu wachsen. Sie werden bestimmt kleinste Fortschrittssteigerungen feststellen, die andere übersehen.

FOKUS

»Wohin gehe ich?« Diese Frage stellen Sie sich täglich. Als fokus-
sierter, zielorientierter Mensch brauchen Sie klar umrissene Richtungen und Ziele, in die sich ihr privates und berufliches Leben entwickeln soll, sonst schlägt Ihre Motivation schnell in Frust um. Und
so verbringen Sie jedes Jahr, jeden Monat und jede Woche mit Ihrer Lieblingsbeschäftigung: Sie legen Ihre Ziele fest. Unabhängig davon, ob Ihre Ziele kurzfristig oder langfristig sind, die wesentlichen
Charakteristika sind immer dieselben: Ihre Ziele sind eindeutig de-
finiert, sie sind messbar und in einen Zeitplan eingebunden. Dieser
Fokus auf Ihre Ziele dient Ihnen als Kompass, mit dessen Hilfe Sie
Prioritäten festlegen und notwendige Korrekturen vornehmen, die
Sie wieder zurück auf den richtigen Kurs bringen. Als Mensch mit
einem ausgeprägten Talent im Bereich Fokus verfügen Sie über ein
hoch entwickeltes Differenzierungsvermögen und wägen jeweils ab,
inwiefern konkrete Schritte Sie Ihrem Ziel näherbringen. Ist dies
nicht der Fall, scheiden die entsprechenden Möglichkeiten automatisch aus. Ihr Fokus verhilft Ihnen zu einer hohen Effizienz. Die
Kehrseite der Medaille besteht darin, dass Sie auf Verzögerungen,
Hindernisse und Ablenkungen, und seien diese noch so angenehm,
mit Ungeduld reagieren, was Sie allerdings zu einem außerordentlich wertvollen Mitarbeiter in einem Team macht. Denn sobald die
anderen Teammitglieder sich in nebensächlichen Diskussionen zu
verlieren beginnen, werden sie von Ihnen schnurstracks zum eigentlichen Thema zurückgeführt. Dank Ihres stark ausgeprägten
Fokus vermitteln Sie anderen, dass sämtliche Wege, die sie nicht ihrem Ziel näherbringen, bedeutungslos sind. Und was bedeutungs-

los ist, hat keinen Anspruch auf Ihre Zeit. Auf diese Weise halten Sie alle auf Kurs.

Und so sprechen Menschen mit einem ausgeprägten Talent im Bereich Fokus über sich:

Nick H., Computerfachmann: »Für mich ist es sehr wichtig, leistungsfähig zu sein. Ich bin die Art von Mensch, der zweieinhalb Stunden für eine Runde Golf braucht. Als ich bei Electronic Data Systems war, arbeitete ich einen Fragebogen aus, mit dem ich jede Abteilung in 15 Minuten überprüfen konnte. Für den Gründer, Ross Perot, war ich ›der Zahnarzt‹, weil ich den Zeitplan für einen ganzen Tag mit diesen 15-Minuten-Besprechungen ausfüllte.«

Brad F., Verkaufsleiter: »Ich lege immer Prioritäten fest, und versuche den schnellsten Weg zum Ziel zu finden, damit so wenig Zeit und Energie wie möglich vergeudet wird. Zum Beispiel erhalte ich zahlreiche Anrufe von Kunden, wegen derer ich die Kundendienstabteilung anrufen muss, und statt das bei jedem dieser Anrufe sofort zu erledigen und damit den Arbeitstag der Kundendienstabteilung durcheinander zu bringen, fasse ich alle Anrufe zusammen und rufe einmal am Ende des Tages an.«

Mike L., Geschäftsführer: »Die Leute sind verblüfft, wie ich für die Dinge eine Perspektive entwickle und auf Kurs bleibe. Wenn die Leute im ganzen Bezirk mit Fragen festsitzen und vor Schranken stehen, bin ich in der Lage, ihnen darüber hinweg zu helfen, den Fokus neu auszurichten und die Dinge wieder in Gang zu setzen.«

Doriane L., Hausfrau: »Ich bin einfach ein Mensch, der gern auf den Punkt kommt: in Gesprächen, bei der Arbeit und selbst wenn ich zusammen mit meinem Mann Kleidung einkaufe. Er probiert gern eine Menge Dinge an, und hat dabei viel Spaß, während ich nur eine

Sache anprobiere, und wenn ich sie mag und sie nicht übermäßig teuer ist, kaufe ich sie. Ich bin eine pragmatische Konsumentin.«

Handlungsideen

▶ Wenn Sie Ziele festlegen, machen Sie es sich zur Regel, sie mit Zeitplänen und Bewertungen im Auge zu behalten. Diese Pläne werden den regelmäßigen Beweis liefern, dass Sie tatsächlich Fortschritte machen.

▶ Suchen Sie sich Funktionen aus, in denen Sie eigenständig arbeiten können. Dank Ihres Talents im Bereich Fokus werden Sie mit wenig Aufsicht auf Kurs bleiben können.

▶ Der größte Beitrag, den Sie als Teammitglied leisten können, liegt darin, dass Sie anderen dabei helfen, sich Ziele zu setzen. Übernehmen Sie beispielsweise die Verantwortung dafür, am Ende eines Meetings die Ergebnisse zusammenzufassen, einen Zeitplan für die Umsetzung der Beschlüsse zu erstellen und einen Termin für das nächste Meeting der Gruppe festzulegen.

▶ Andere denken, handeln und reden weniger effizient als Sie. Achtung! Manchmal führen ihre »Abwege« zu Entdeckungen und Spaß.

▶ Erweitern Sie Ihre Zielsetzungen über die Arbeit hinaus. Wenn Sie sich dabei ertappen, Ihren Fokus zu sehr auf Arbeitsziele zu richten, setzen Sie sich Ziele für Ihr Privatleben. Diese verleihen Ihren persönlichen Prioritäten mehr Bedeutung und helfen Ihnen dabei, ein Gleichgewicht zwischen Arbeit und Privatleben herzustellen.

▶ Stunden können unbemerkt vergehen, wenn Sie sich mit voller Konzentration einer Aufgabe widmen; Sie verlieren das Zeitgefühl. Stellen Sie sicher, dass Sie alle Ziele erreichen und alle Prioritäten einhalten, indem Sie einen Zeitplan für alle Tätigkeiten erstellen und sich auch daran halten.

▶ Sie arbeiten am besten, wenn Sie sich auf einige wenige gut definierte Initiativen und Anfragen konzentrieren müssen. Erlauben Sie sich, Projekte oder Aufgaben abzulehnen, die nicht im Einklang mit Ihrer grundsätzlichen Zielsetzung stehen. Das wird Ihnen helfen, sich auf Ihre wichtigsten Prioritäten zu konzentrieren – und andere werden Ihr Bedürfnis nach Fokus zu schätzen lernen.

▶ Nehmen Sie sich die Zeit, Ihre Ziele aufzuschreiben, und erinnern Sie sich regelmäßig daran. Sie werden ein Gefühl von besserer Kontrolle über Ihr Leben bekommen.

▶ Teilen Sie Ihrem Vorgesetzten bei der Arbeit unbedingt Ihre mittel- und kurzfristigen Ziele mit. Dann fällt es ihm leichter, Ihnen den Raum zu geben, den Sie brauchen.

▶ Stellen Sie sicher, dass die Ziele, die Sie für sich selbst gesetzt haben, sowohl Quantität als auch Qualität berücksichtigen. Eine genaue Definition Ihres Fokus wird sicherstellen, dass die Anwendung Ihres Talents zu solidem und langanhaltendem Erfolg führen wird.

Zusammenarbeit mit anderen Menschen mit einem ausgeprägten Talent im Bereich Fokus

▶ Gibt es Projekte mit kritischen Terminen, versuchen Sie, Menschen mit einem ausgeprägten Talent im Bereich Fokus mit an

Bord zu nehmen. Sie halten instinktiv Fristen und Verpflichtungen ein. Sobald sie sich an einem Projekt mit einer Deadline beteiligen, werden sie ihre gesamte Energie darauf richten, bis es abgeschlossen ist.

▶ Seien Sie sich bewusst, dass fokussierte Menschen von Meetings ohne Struktur genervt sein werden. Nehmen sie an einem Meeting teil, sollten Sie versuchen, die Agenda einzuhalten.

▶ Erwarten Sie von Menschen mit einem ausgeprägtem Talent im Bereich Fokus nicht, dass sie immer auf die Gefühle anderer achten, weil die Erledigung ihrer Arbeit häufiger eine höhere Priorität einnimmt als die Befindlichkeiten anderer Menschen.

LEICHBEHANDLUNG

Sie legen Wert auf das richtige Gleichgewicht und behandeln alle Menschen gleich, unabhängig von ihrem Status oder ihrer gesellschaftlichen Stellung. Es stimmt Sie bedenklich, wenn jemand alle Vorteile auf seiner Seite hat, denn Sie glauben, dass auf diese Weise Selbstsucht und Egoismus gefördert werden. Außerdem halten Sie nichts von einem System, in dem bestimmte Personen aufgrund ihrer Beziehungen, ihres gesellschaftlichen Hintergrundes oder einfach, weil sie ihrem Glück nachzuhelfen wissen, stets die Nase vorn haben – Sie finden solche Zustände unerträglich. Sie verstehen sich selber als eine Art Schutzpatron gegen soziale Ungerechtigkeit. Im Unterschied zu einer Welt, in der die durchtriebensten Gestalten die größten Erfolge verbuchen können, favorisieren Sie eine Umgebung, in der klare Regeln herrschen, die für alle Beteiligten gleichermaßen gelten. In einer solchen Umgebung sind die an den Einzelnen gerichteten Erwartungen klar und eindeutig. Eine solche Umgebung bietet gerechte Voraussetzungen für alle, und jeder hat die Möglichkeit, zu zeigen, was in ihm steckt.

Und so sprechen Menschen mit einem ausgeprägten Talent im Bereich *Gleichbehandlung* über sich:

Simon H., Hoteldirektor: »Ich erinnere meine Direktionskollegen oft daran, dass sie ihr Parkplatzprivileg nicht missbrauchen oder ihre Position nicht zum Golfspielen nutzen sollten, wenn Gäste warten. Sie mögen es nicht, dass ich sie darauf hinweise, aber ich bin einfach ein Mensch, der es hasst, wenn Leute ihre Position missbrauchen. Ich verbringe auch sehr viel Zeit mit unseren Teilzeitkräften. Ich habe einen enormen Respekt vor ihnen.«

Jamie K., Zeitschriftenredakteur: »Ich bin der Mensch, der immer für den Benachteiligten eintritt. Ich finde es schrecklich, wenn Leute wegen irgendwelcher Umstände in ihrem Leben, die sie nicht beeinflussen konnten, unfair behandelt werden. Deshalb werde ich bei meiner alten Uni ein Stipendium einrichten, damit Journalismus-Studenten mit eingeschränkten Mitteln Praktika in der Arbeitswelt absolvieren können, ohne dass sie weiter die Studiengebühren bezahlen müssen. Ich hatte Glück. Als ich Volontär bei NBC in New York war, konnte meine Familie sich das leisten. Manche Familien können es nicht, aber auch diese Studenten sollten eine faire Chance erhalten.«

Ben F., Betriebsleiter: »Zollen Sie immer dort Anerkennung, wo sie angebracht ist, das ist mein Motto. Wenn ich in einer Besprechung bin und eine Idee vortrage, die einer meiner Mitarbeiter hatte, stelle ich sicher, dass ich öffentlich darauf hinweise, dass sie von ihm stammt. Warum? Weil meine Chefs es immer genau so mit mir machten, und heute erscheint es mir nur als fair und richtig.«

Handlungsideen

▶ Erstellen Sie eine Liste der Gleichbehandlungsregeln, nach denen Sie leben möchten. Diese Regeln beruhen möglicherweise auf bestimmten Werten, an die Sie glauben, oder auf bestimmten Richtlinien, die Ihres Erachtens »nicht verhandelbar« sind. Es klingt wie ein Widerspruch, doch je klarer Sie diese Regeln formulieren, desto wohler werden Sie sich mit Individualität innerhalb dieser Grenzen fühlen.

- ▶ Suchen Sie sich Positionen aus, in denen Sie eine treibende Kraft für Chancengleichheit sein können. Nehmen Sie eine führende Rolle bei der Unterstützung von benachteiligten Menschen ein, um eine passende Plattform für sie zu finden, die ihr wahres Potenzial zeigt.

- ▶ Pflegen Sie Ihren Ruf als jemand, der ein Gespür dafür hat, diejenigen, die Anerkennung wirklich verdienen, zu identifizieren. Stellen Sie sicher, dass diejenigen auch die entsprechende Anerkennung bekommen. Sie können so zum Gewissen Ihrer Organisation oder einer Gruppe werden.

- ▶ Finden Sie eine Rolle, wo Sie die Einhaltung eines Kodex durchsetzen können. Seien Sie immer bereit, sich Menschen zu widersetzen, die gegen die Spielregeln verstoßen oder auf die ein oder andere Weise ihrem Glück nachhelfen, um sich einen unlauteren Vorteil zu verschaffen.

- ▶ Konzentrieren Sie sich stets auf Leistungen. Ihr Talent im Bereich Gleichbehandlung verleitet Sie manchmal dazu überzubewerten, *wie* andere Ihre Arbeit erledigen, und außer Acht zu lassen, *was* sie erledigen.

- ▶ Da Ihnen Gleichbehandlung wichtig ist, fällt es Ihnen schwer, mit Menschen umzugehen, die die Regeln zu ihren eigenen Gunsten dehnen. Ihr Talent im Bereich Gleichbehandlung kann Ihnen dabei helfen, Regeln, Richtlinien und Verfahren so zu klären, dass sie einheitlich und flächendeckend angewendet werden. Erwägen Sie den Entwurf eines Protokolls, um sicherzustellen, dass diese Regeln klar festgehalten werden.

- ▶ Tun Sie sich mit Menschen mit ausgeprägten Talenten in den Bereichen Höchstleistung oder Einzelwahrnehmung zusammen. Solche Partner können Sie daran erinnern, wann es angebracht ist, individuelle Unterschiede zu machen.

▶ Lassen Sie Ihren Worten immer Taten folgen. So geben Sie den Ton in Sachen Gleichbehandlung an und fördern ein friedliches Miteinander.

▶ Andere schätzen Sie dafür, dass Sie konsequent einhalten, was Sie versprechen. Setzen Sie sich immer für das ein, woran Sie glauben, auch wenn Sie auf Widerstand stoßen. Das wird Ihnen langfristig zugutekommen.

▶ Setzen Sie Ihr Talent im Bereich Gleichbehandlung ein, wenn Sie »wenig erfreuliche« Nachrichten kommunizieren müssen. Sie sind instinktiv geschickt darin, anderen zu helfen, die Beweggründe hinter Entscheidungen zu begreifen – was allen die Situation erleichtert.

Zusammenarbeit mit anderen anpassungsfähigen Menschen mit einem ausgeprägten Talent im Bereich Gleichbehandlung

▶ Unterstützen Sie Menschen mit einem ausgeprägten Talent im Bereich Gleichbehandlung, wenn größere Veränderungen anstehen. Sie fühlen sich am wohlsten mit vorhersehbaren Mustern, von denen sie wissen, dass sie gut funktionieren.

▶ Diese Menschen sind praktisch veranlagt und bevorzugen es eher, Aufgaben abhaken und Entscheidungen treffen zu können, als abstrakte Arbeiten wie Brainstorming oder langfristige Planungen zu machen.

▶ Wenn es darum geht, anderen nach Abschluss eines Projekts Anerkennung zu zollen, bitten Sie Menschen mit einem ausgeprägten Talent im Bereich Gleichbehandlung, den Beitrag aller Beteiligten festzuhalten. Sie werden dafür sorgen, dass jede Person die Anerkennung erhält, die sie wirklich verdient hat.

HARMONIESTREBEN

Sie suchen nach Bereichen, in denen Übereinstimmung herrscht. Sie sind davon überzeugt, dass Konflikte nirgendwo hinführen, deswegen sind Sie bestrebt, sie auf ein Minimum zu reduzieren. Umgeben von Menschen mit unterschiedlichen Ansichten, bemühen Sie sich stets, die Gemeinsamkeiten zu betonen. Geschickt lenken Sie von Meinungsverschiedenheiten ab und bringen das Gespräch in harmonische Bahnen. Harmonie ist ein zentraler Wert für Sie. Sie finden es geradezu ungeheuerlich, wie viel Zeit manche Leute damit verschwenden, mit dem Versuch anderen ihre Überzeugung aufzunötigen. In Ihren Augen wäre es wesentlich produktiver, wenn alle ihre Meinung öfter mal für sich behielten und sich stattdessen in erster Linie um Verständnis und gegenseitige Unterstützung bemühten. Hiervon sind Sie fest überzeugt, und Sie selbst richten sich nach dieser Überzeugung. Während bestimmte Zeitgenossen lautstark ihre Ansprüche geltend machen und mit einem wahren Feuereifer ihre Überzeugungen in die Welt posaunen, halten Sie sich lieber zurück. Wo andere kurz entschlossen in eine bestimmte Richtung losmarschieren, schließen Sie sich der Eintracht willen an. Sie sind bereit, Ihre eigenen Ziele unterzuordnen, solange Ihre zentralen Werte nicht bedroht sind. Wenn sich aus zunächst harmlosen Gesprächen ein heißes Gefecht um die jeweilige Lieblingstheorie entspinnt, lenken Sie das Gespräch wieder zurück in ruhiges Fahrwasser, zurück zu ganz praktischen Themen, über die Einigkeit besteht. Für Sie ist klar, dass wir alle im selben Boot sitzen, und dass wir ohne das Boot nicht ans Ziel kommen. Und es gibt auch keinen Grund, dieses Boot mal so rich-

tig ins Schwanken zu bringen, nur um zu beweisen, dass dies r
lich ist.

Und so sprechen Menschen mit einem ausgeprägten Talent im Bereich Harmoniestreben über sich:

Jane C., Benediktinernonne: »Ich liebe Menschen. Ich baue leicht eine Beziehung zu ihnen auf, weil ich sehr anpassungsfähig bin. Ich nehme die Form des Gefäßes an, in das ich gegossen werde, und deshalb lasse ich mich nicht so leicht verärgern.«

Chuck M., Lehrer: »Ich schätze Konflikte im Unterricht nicht, aber ich habe gelernt, den Dingen ihren Lauf zu lassen, statt sie sofort abzubrechen. Am Anfang, als junger Lehrer, dachte ich, wenn jemand etwas Negatives sagte: ›Oh, warum musstest Du das sagen?‹ und versuchte, die Sache sofort zu unterbinden. Aber heute versuche ich einfach, auch die Meinung eines anderen in der Klasse zu hören, sodass wir vielleicht einen Einblick in verschiedene Ansichten über dasselbe Thema haben können.«

Tom P., Techniker: »Ich kann mich lebhaft an die Zeit erinnern, als ich zehn oder elf war und einige der Kinder in meiner Schule zu streiten begannen. Aus irgendeinem Grund fühlte ich mich gezwungen, im Streit zu vermitteln und eine gemeinsame Basis zu finden. Ich war immer der Friedensstifter.«

Handlungsideen

▶ Nutzen Sie Ihr Talent, um ein Netzwerk von Menschen mit unterschiedlichen Perspektiven aufzubauen. Verlassen Sie sich auf diese Menschen, wenn Sie Fachwissen brauchen. Ihre Offenheit gegenüber unterschiedlichen Ansichten wird Ihnen dabei helfen zu lernen.

▶ Wenn zwei Menschen sich streiten, bitten Sie andere in der Gruppe darum, ihre Gedanken zu äußern. Indem Sie die Anzahl der Stimmen im Gespräch erhöhen, haben Sie bessere Chancen, Bereiche zu finden, wo alle sich einig sind. Sie können Menschen zusammenbringen.

▶ Meiden Sie Funktionen, in denen Sie sich täglich mit Menschen auseinandersetzen müssen. Vertriebsjobs, die auf Kaltakquise beruhen, oder Positionen in einem Arbeitsumfeld mit starker Konkurrenz werden Sie frustrieren oder verstimmen.

▶ Üben Sie Techniken, um Konflikte ohne Konfrontation zu lösen. Ohne diese eingespielten Techniken laufen Sie womöglich in bestimmten Situationen einfach vor Konflikten weg, ohne sie zu klären. Das könnte bei Ihnen passiv-aggressives Verhalten hervorrufen.

▶ Tun Sie sich mit Menschen mit einem ausgeprägten Talent in den Bereichen Autorität oder Tatkraft zusammen. Wenn Ihre gesamten Bemühungen, einen Konflikt zu lösen, ohne Erfolg bleiben, kann diese Person Ihnen helfen, sich der Konfrontation zu stellen.

▶ Schaffen Sie Interaktionsmöglichkeiten und Foren, bei denen Menschen das Gefühl haben, dass ihre Meinung wirklich gehört wird. So helfen Sie anderen, sich intensiv an Gruppenprojekten und Aktivitäten zu beteiligen.

▶ Bedenken Sie, dass Ihre Versuche, Harmonie zu schaffen, indem Sie allen die Chance geben, sich einzubringen, möglicherweise zu Konflikten zwischen einigen Menschen führen könnte. Individuen mit einem ausgeprägten Talent im Bereich Leistungsorientierung könnten zum Beispiel bestrebt sein, schnell eine Entscheidung zu treffen und eine Handlung vorzunehmen. Lernen Sie, kurz aber effektiv die Vorteile des Zuhörens zu kommunizieren.

▸ Beachten Sie, dass einige Ihre Bemühungen, Harmonie hervorzubringen, ausnutzen könnten. Wenn jeder die Gelegenheit bekommt zu sprechen, könnten einige die Zeit vergeuden, indem sie sich positionieren oder hochtrabende Debatten auslösen, die keine Relevanz für die vorhandene Aufgabenstellung haben. In solchen Fällen zögern Sie nicht einzuspringen, um die Diskussion in praktischere Bahnen zu lenken. Eine Balance zwischen Zuhören und Effizienz ist der Schlüssel zur Harmonie.

▸ Suchen Sie in einer Diskussion nach der praktischen Seite der Dinge. Helfen Sie anderen, diese praktischen Aspekte zu sehen. Das ist der Ausgangspunkt für Überstimmung.

▸ Sie sind von Natur aus respektvoll. Sie treten sofort beiseite, wenn jemand mit größerem Fachwissen den Raum betritt. Machen Sie den nächsten Schritt, indem Sie jene Menschen mit größerem Fachwissen als Berater einladen.

Zusammenarbeit mit anderen Menschen mit einem ausgeprägten Talent im Bereich Harmoniestreben

▸ Steuern Sie Menschen mit einem ausgeprägten Talent im Bereich Harmoniestreben so weit wie möglich weg von Konflikten. Laden Sie sie nicht zu Meetings ein, wo Streitereien programmiert sind, weil sie in Situationen direkter Konfrontation nicht zu Höchstform auflaufen können.

▸ Vergeuden Sie Ihre Zeit nicht damit, kontroverse Themen mit diesen Menschen zu diskutieren. Sie lehnen rein hypothetische

Debatten ab. Stattdessen sollten Sie den Fokus Ihrer Diskussionen auf praktische Themen richten, bei denen klare Maßnahmen ergriffen werden können.

► Wenn andere in einem Streit feststecken, können Menschen mit einem ausgeprägten Talent im Bereich Harmoniestreben helfen, sie zu befreien. Sie werden nicht unbedingt das Streitthema lösen, aber sie werden den unterschiedlichen Parteien helfen, andere Themen zu finden, bei denen sie sich einig sind. Diese Gemeinsamkeit kann der Ausgangspunkt für eine produktive Zusammenarbeit sein.

HÖCHSTLEISTUNG

Sie orientieren sich nicht am Durchschnitt, sondern streben nach Perfektion. Nur mit intensivem Einsatz und verstärkten Anstrengungen kann eine unterdurchschnittliche Leistung über den Durchschnitt angehoben werden. Ihrer Meinung nach ist dieses Ergebnis jedoch kaum der Mühe wert. Mit demselben Aufwand kann man eine bereits vorhandene Begabung perfektionieren, und das sehen Sie als echte Herausforderung an. Für Sie gibt es nichts Fesselnderes als echtes Talent, und damit meinen Sie gleichermaßen Ihr eigenes wie das Talent anderer Menschen. Sie gehen vor wie ein Edelsteinschleifer, der einen ganz unscheinbaren Stein in ein Kunstwerk verwandelt: Sie betrachten Ihr Material aufmerksam und orientieren sich an den ersten Anzeichen wirklicher Begabung, wie zum Beispiel völlig überraschende hervorragende Leistungen, eine rasche Auffassungsgabe oder spielerisch erlernte Fertigkeiten. Dies alles sind Anhaltspunkte dafür, dass tatsächlich eine starke Begabung im Spiel ist. Und wenn Sie einmal auf ein solches Talent gestoßen sind, tun Sie alles dafür, um es auszubauen, zu kultivieren und bis zur Perfektion zu bringen. Sie schleifen diese Begabung mit derselben Hingabe wie einen Rohdiamanten, der zum Schluss in allen Farben des Regenbogens zu funkeln beginnt. Ihre Zeit verbringen Sie allerdings gerne mit Menschen, die Ihre speziellen Begabungen zu schätzen wissen. Und natürlich fühlen Sie sich zu Menschen hingezogen, die ebenfalls etwas aus ihrer Begabung machen. Dagegen gehen Sie Leuten aus dem Weg, die aus Ihnen gerne einen adretten, durchschnittlichen Zeitgenossen machen würden – bestimmt findet sich ein anderes Opfer, das statt Ihrer bearbeitet werden kann.

Sie haben keine Lust, Eigenschaften hinterherzutrauern, die Sie nicht besitzen. Sie finden es sinnvoller, ihr vorhandenes Talent zu bearbeiten. Das macht mehr Spaß, ist zudem auch produktiver, und es ist eine echte Herausforderung.

Und so sprechen Menschen mit einem ausgeprägten Talent im Bereich Höchstleistung über sich:

Gavin T., Flugbegleiter: »Ich habe zehn Jahre lang Aerobic unterrichtet, und ich legte immer Wert darauf, die Leute zu fragen, was ihnen an sich selbst gefiel. Wir alle haben Teile unseres Körpers, die wir gern ändern möchten, oder die anders aussehen sollten, aber sich darauf zu konzentrieren kann sehr destruktiv sein. Es wird zu einem Teufelskreis. Deshalb sagte ich: ›Sehen Sie, das müssen Sie nicht tun. Lassen Sie uns stattdessen auf die Attribute schauen, die Ihnen an Ihnen gefallen, und dann haben wir alle ein besseres Gefühl, wenn wir unsere Energie dafür aufwenden.‹«

Amy T., Zeitschriftenredakteurin: »Es gibt nichts, was ich mehr hasse, als einen schlecht geschriebenen Artikel zu verbessern. Wenn ich dem Verfasser einen klaren Schwerpunkt gegeben habe, und er kommt mit einem Text an, der vollkommen daneben liegt, bringe ich es fast nicht fertig, den Text zu redigieren. Ich neige eher dazu, ihn dem Verfasser einfach zurückzugeben und zu sagen: ›Schreiben Sie es einfach noch mal.‹ Was ich andererseits liebe, ist, einen Text, der den Kern trifft, zu lesen und ihn dann zur Perfektion zu bringen. Wissen Sie, einfach das richtige Wort an dieser Stelle, dann etwas weglassen, und plötzlich ist es ein brillanter Text.«

Marshall G., Marketingleiter: »Ich bin wirklich gut darin, den Leuten ein Ziel vorzugeben und dann ein Gefühl von Teamgeist zu vermitteln, wenn wir gemeinsam darauf hinarbeiten. Aber mein Talent Strategie ist weniger ausgeprägt. Zum Glück habe ich einen Chef, der dafür Verständnis hat. Wir arbeiten seit einer ganzen Reihe von Jahren zusammen. Er hat Leute gefunden, die die strategische Aufgabe übernehmen und forderte mich gleichzeitig auf, noch stärker im Fokus zu werden und den Teamgeist zu fördern. Ich habe ziemliches Glück, einen Chef zu haben, der so denkt. Es macht mich sicherer und hilft mir, viel schneller vorwärts zu kommen, da ich weiß, dass mein Chef weiß, worin ich gut bin und worin nicht, und mit Letzterem plagt er mich nicht.«

Handlungsideen

▶ Suchen Sie sich Positionen, in denen Sie anderen zum Erfolg verhelfen. In einer Rolle als Coach, Manager, Mentorin oder Lehrer kann sich Ihre Fokussierung auf die Stärken anderer Menschen als besonders nützlich erweisen. Da es den meisten Menschen schwerfällt zu beschreiben, worin sie am besten sind, fangen Sie damit an, ihre Stärken anschaulich zu beschreiben.

▶ Entwickeln Sie Strategien, um Ihre Leistung und die Leistung anderer zu messen. Diese Ergebnisse werden Ihnen dabei helfen, Stärken zu entdecken. Diese entdeckt man am ehesten auf den Gebieten, wo nachhaltig Höchstleistungen erbracht werden.

▶ Haben Sie Ihre eigenen ausgeprägtesten Talente ermittelt, konzentrieren Sie sich voll und ganz darauf. Perfektionieren Sie Ihre Fertigkeiten. Üben Sie. Arbeiten Sie kontinuierlich daran, Ihre Stärken in einigen wenigen Bereichen auszubauen.

▶ Entwerfen Sie einen Plan, um Ihre Talente außerhalb der Arbeit einzusetzen. Denken Sie darüber nach, wie Ihre Talente mit Ihren Lebenszielen verbunden sind und wie sie Ihrer Familie oder der Gemeinschaft zugutekommen könnten.

▶ Das Lösen von Problemen könnten Ihre Energie und Ihre Begeisterung auslaugen. Suchen Sie sich einen Menschen mit einem ausgeprägten Talent im Bereich Wiederherstellung, der Ihnen als Troubleshooter und Problemlöser dienen kann. Teilen Sie dieser Person mit, wie wichtig Ihre Partnerschaft für Ihren Erfolg ist.

▶ Studieren Sie Erfolg. Verbringen Sie bewusst Zeit mit Menschen, die ihre eigenen Stärken entdeckt haben. Je besser Sie verstehen, wie der Einsatz Ihrer Stärken zum Erfolg führt, desto wahrscheinlicher wird es, dass Sie selbst in Ihrem eigenen Leben erfolgreich sind.

▶ Erklären Sie anderen, warum Sie mehr Zeit damit verbringen, Ihre Stärke auszubauen, als Ihre Schwächen auszugleichen. Womöglich verwechseln sie Ihr Handeln anfänglich mit Selbstgefälligkeit.

▶ Lassen Sie Ihr Talent im Bereich Höchstleistung nicht durch den allgemeinen Glauben ersticken, dass man Schwachstellen finden und reparieren sollte. Ermitteln Sie die Bereiche Ihrer Organisation oder Ihrer Gruppe, die gut funktionieren, und investieren Sie in diese. Stellen Sie sicher, dass der Löwenanteil Ihrer Ressourcen für den Auf- und Ausbau dieser Spitzenleistung ausgegeben wird.

▶ Konzentrieren Sie sich stets auf langfristige Beziehungen und Ziele. Etliche Menschen machen die Ernte der tiefhängenden Früchte des kurzfristigen Erfolgs zum Beruf, doch wird Ihr Talent im Bereich Höchstleistung am besten angeregt und ist am effektivsten, indem Sie Höchstpotenzial in wahre und nachhaltige Größe umwandeln.

▶ Versuchen Sie, Ihrer Schwächen irrelevant werden zu lassen. Finden Sie beispielsweise Partner, entwickeln Sie ein Unterstützungssystem oder nutzen Sie eines Ihrer größeren Talente als Ausgleich für Ihre schwächeren Seiten.

Zusammenarbeit mit anderen Menschen mit einem ausgeprägten Talent im Bereich Höchstleistung

▶ Menschen mit einem ausgeprägten Talent im Bereich Höchstleistung wollen am liebsten Funktionierendes in die Hand nehmen und herausfinden, wie man es noch besser machen könnte. Sie haben weniger Interesse daran, das, was nicht funktioniert, zu reparieren. Vermeiden Sie möglichst, diese Menschen mit Aufgaben zu betrauen, die kontinuierliches Problemlösen verlangen. Stattdessen bitten Sie sie um Hilfe, wenn Sie Best Practices aufdecken müssen.

▶ Sollten Sie niemanden um sich haben, der sich regelmäßig auf Ihre Stärken konzentriert, sollten Sie mehr Zeit mit jemandem mit einem ausgeprägten Talent im Bereich Höchstleistung verbringen. Mit seiner natürlichen Neugier auf Spitzenleistungen wird er Ihnen helfen, sich darauf zu konzentrieren, was Sie am besten können.

▶ Diese Menschen erwarten von Ihnen, dass Sie ihre Stärken verstehen und schätzen. Konzentrieren Sie sich zu lang auf ihre Schwächen, kommt bei ihnen der Frust auf.

Höchstleistung

IDEENSAMMLER

Sie interessieren sich für alles Mögliche und sammeln alles Mögliche – das können beispielsweise Wörter sein, Fakten, Bücher oder Zitate. Es kann sich auch um konkrete Gegenstände handeln wie Schmetterlinge, Münzen, Porzellanpuppen oder Fotografien. Sie sammeln etwas Bestimmtes, weil es Sie interessiert. Und eigentlich finden Sie vieles sehr interessant. Die ganze Welt ist aufgrund der Vielzahl und Komplexität der verschiedensten Lebewesen, Dinge und Sachverhalte ungemein aufregend. Wahrscheinlich lesen Sie mit Begeisterung, wobei es Ihnen weniger darum geht, eine bestimmte Theorie bis ins Detail auszufeilen, sondern darum, Ihre Archive um Information zu bereichern. Und wahrscheinlich reisen Sie genauso gerne, weil es an jedem neuen Ort Neues zu sehen gibt. Die neue Information wird gesammelt und aufbewahrt. Eigentlich wissen Sie nicht so recht, warum Sie das zusammengetragene Material archivieren und wann oder wozu Sie es jemals wieder brauchen könnten. Aber wer weiß? Es könnte ja in Zukunft zu etwas nütze sein. Sie haben eine ganze Reihe von möglichen Verwendungszwecken im Kopf und werfen nur sehr ungern etwas weg. Also sammeln Sie weiter, stellen Material zusammen und bewahren es auf. Für Sie ist dies ein interessanter Vorgang, der Ihre geistige Frische erhält. Und vielleicht, vielleicht ja schon sehr bald, könnte irgendetwas davon nützlich sein.

Und so sprechen Menschen mit einem ausgeprägten Talent im Bereich Ideensammler über sich:

Ellen K., Schriftstellerin:»Schon als Kind stellte ich fest, dass ich alles wissen wollte. Ich machte ein Spiel aus meinen Fragen. ›Welche Frage habe ich heute?‹ Ich dachte mir haarsträubende Fragen aus, und dann suchte ich nach den Büchern, die sie beantworten sollten. Ich überforderte mich oft selbst, schnüffelte in Büchern, die ich überhaupt nicht verstand, aber ich las sie, weil sie irgendwo meine Antwort hatten. Meine Fragen wurden zu meinem Werkzeug, das mich von einer Information zur nächsten führte.«

John F., Personalleiter:»Ich gehöre zu den Leuten, die denken, dass das Internet die größte Erfindung seit der Erfindung der Bratkartoffel ist. Ich war häufig frustriert, aber heute gehe ich, wenn ich wissen will, wie der Aktienmarkt steht oder wie die Regeln eines bestimmten Spiels sind oder wie hoch das Bruttosozialprodukt Spaniens ist oder irgendetwas anderes, einfach an den Computer, beginne zu suchen und finde es schließlich.«

Kevin F., Verkäufer:»Ich bin über einigen Müll, der sich in meinem Kopf ansammelt, verwundert, und ich spiele gern Jeopardy und Trivial Pursuit und ähnliche Spiele. Es macht mir nichts aus, etwas wegzuwerfen, solange es sich um materielle Dinge handelt, aber ich mag es nicht, Wissen oder gesammeltes Wissen zu vergeuden, oder etwas nicht ganz lesen zu können, wenn ich es mag.«

Handlungsideen

▶ Suchen Sie Tätigkeiten, in denen Sie damit betraut sind, täglich neue Informationen zu sammeln, zum Beispiel in einer Lehrtätigkeit, in der Recherche oder im Journalismus.

- Entwerfen Sie ein System, um Informationen aufzubewahren und leicht zu finden – ob in der einfachsten Form als Ordner für Ihre ausgeschnittenen Artikel oder in komplizierter Form als Datenbank.

- Tun Sie sich zusammen mit jemandem mit Talenten in den Bereichen Fokus oder Disziplin. Diese Person wird Sie auf Kurs halten und helfen, wenn Ihre Neugierde Sie auf interessante, aber ablenkende Abwege führt.

- Sie sind sehr offen und aufnahmefähig. Sie nehmen von Natur aus Informationen auf wie ein Schwamm das Wasser. Doch genauso wie der Hauptzweck eines Schwamms nicht darin besteht, das Aufgenommene auf Dauer zu behalten, sollte Ihr Geist auch nicht alles, was es aufgenommen hat, lediglich speichern. Ohne Ausgabe führt Eingabe nur zur Stagnierung. Während Sie Ihre Informationen sammeln und aufnehmen, denken Sie an Personen und Gruppen, die am meisten von Ihrem Wissen profitieren könnten, und teilen Sie es bewusst mit ihnen.

- Möglicherweise sind Sie eine außerordentliche Fakten-, Daten- und Ideenquelle. Wenn dem so ist, scheuen Sie sich nicht, sich als Experte zu positionieren. Sie könnten zur Koryphäe auf Ihrem Gebiet werden, indem Sie Ihrem Talent als Ideensammler freien Lauf lassen.

- Bedenken Sie, dass Sie nicht dauerhaft nur Informationen sammeln können. Irgendwann werden Sie dieses Wissen nutzen und in Handlungen übertragen müssen. Ermitteln Sie bewusst die Fakten und Daten, die für andere am wertvollsten wären, und setzen Sie diese Informationen zu ihren Gunsten ein.

- Finden Sie Ihre Spezialgebiete heraus, und suchen Sie aktiv nach weiteren Informationen auf diesen Gebieten.

- ▶ Planen Sie Zeit ein, um anregende Bücher und Artikel zu lesen.

- ▶ Erweitern Sie bewusst Ihren Wortschatz. Sammeln Sie neue Wörter und lernen Sie ihre jeweilige Bedeutung.

- ▶ Suchen Sie nach Situationen, in denen Sie Ihre gesammelten Informationen mit anderen teilen können. Lassen Sie Ihre Bekannten und Kollegen wissen, dass Sie ihre Fragen gerne beantworten.

Zusammenarbeit mit anderen Menschen mit einem ausgeprägten Talent im Bereich Ideensammler

- ▶ Halten Sie Menschen mit einem ausgeprägten Talent im Bereich Ideensammler mit den neuesten Nachrichten auf dem Laufenden. Sie müssen immer Bescheid wissen. Geben Sie Bücher, Artikel und Dokumente an sie weiter, die sie möglicherweise interessieren könnten.

- ▶ Versuchen Sie, ein paar gemeinsame Interessen mit diesen Menschen zu finden, und teilen Sie Fakten und Geschichten zu diesen Themen. So entwickeln sich häufig wunderbare Beziehungen.

- ▶ Wenn Sie an einem Meeting teilnehmen, bitten Sie unbedingt Menschen mit einem ausgeprägten Talent im Bereich Ideensammler um Informationen. Suchen Sie nach Gelegenheiten, um ihre umfangreichen Kennnisse zu nutzen.

INTEGRATIONSBESTREBEN

Sie sind davon überzeugt, dass alle Menschen in irgendeiner Weise integriert werden sollten, um sich als Teil einer Gruppe zu fühlen. Im Unterschied zu Menschen, die sich gerne in exklusiven Zirkeln bewegen, gehen Sie Kreisen aus dem Weg, bei denen nicht alle gleichermaßen willkommen sind. Sie erweitern dagegen Ihren Kreis ständig, damit so viele wie möglich daran teilnehmen und ihren Nutzen daraus ziehen können. Ihnen missfällt die Vorstellung, dass Menschen ausgeschlossen werden und ganz alleine dastehen. Sie treten dafür ein, alle zu integrieren und an dem wohligen Gefühl der Zusammengehörigkeit teilnehmen zu lassen. Sie nehmen andere, wie sie sind und messen Unterschieden im Hinblick auf das Geschlecht, die Nationalität, die ethnische Zugehörigkeit, auf religiöse Überzeugungen oder persönliche Veranlagungen keine große Bedeutung bei. Sie halten sich mit Urteilen über andere Menschen zurück, denn wozu sollten Sie jemanden unnötig kränken? Im Grunde sind Sie anderen gegenüber auch nicht etwa deshalb so tolerant, weil Sie davon ausgehen, dass alle Menschen verschieden sind und man die Verschiedenheit eben respektieren muss. Sie sind vielmehr davon überzeugt, dass alle Menschen gleich sind. Alle sind gleichermaßen etwas Besonderes, und alle sind gleich wichtig, deswegen haben alle das Recht, beachtet zu werden. Alle müssen integriert werden, das sind wir einander schuldig.

Und so sprechen Menschen mit einem ausgeprägten Talent im Bereich Integrationsbestreben über sich:

Harry B., Outplacement-Berater: »Schon als Kind war ich, obwohl ich sehr schüchtern war, immer darauf aus, die anderen Kinder zum Spielen aufzufordern. Beim Bilden von Gruppen oder Mannschaften in der Schule wollte ich immer, dass sich alle daran beteiligten. Tatsächlich kann ich mich daran erinnern, dass ich, als ich zehn oder elf Jahre alt war, einen Freund hatte, der nicht unserer Kirchengemeinde angehörte. Wir waren bei einem Festessen der Kirche, und er sah durch die Tür, weil wir normalerweise an jenem Abend unser Jugendtreffen in der Kirche hatten. Ich stand sofort auf, holte ihn zu unserer Familie herüber und ließ ihn am Tisch Platz nehmen.«

Jeremy B., Strafverteidiger: »Als ich mit diesem Beruf begann, traf ich Leute und schloss mit ihnen fast immer am ersten Tag dicke Freundschaften, nur um später herauszufinden, Sie wissen schon, dass diese Menschen viele Probleme hatten, aber dann hatte ich sie bereits zum Essen oder in meinen Freundeskreis eingeladen. Mein Partner Mark fragt mich dann immer: ›Warum genau willst du diese Personen mitbringen?‹ Und dann ist es die Frage, herauszufinden, warum sie mir gefielen, als ich sie das erste Mal traf. Und, wissen Sie, wir versuchen, uns auf genau diesen Aspekt zu konzentrieren … Denn, wenn ich sie einmal in meinen Kreis geholt habe, lasse ich sie nicht mehr fallen.«

Giles D., Ausbilder: »Im Unterricht scheine ich in der Lage zu sein, zu spüren, wenn sich jemand aus der Gruppendiskussion ausklinkt, und ich ziehe ihn sofort wieder zurück in das Gespräch. Letzte Woche gerieten wir in eine langwierige Diskussion über Leistungsbeurteilungen, und eine Frau schwieg die ganze Zeit. Deshalb sprach ich sie einfach an: ›Monica, Sie haben doch schon einmal Leistungsbeurteilungen bekommen. Haben Sie irgendwelche Ideen zu dem Thema?‹ Ich denke wirklich, dass mir das als Ausbilder geholfen hat, denn wenn ich keine Antwort auf etwas weiß, ist es sehr oft die von mir einbezogene Person, die mir die Antworten gibt.«

Handlungsideen

▶ Ziehen Sie Funktionen in Erwägung, in denen Sie Stimmen repräsentieren, die üblicherweise nicht gehört werden. Es wird Ihnen großes Vergnügen bereiten, als Sprachrohr für diese Menschen fungieren zu können.

▶ Suchen Sie nach Gelegenheiten, Menschen aus diversen Kulturen und Hintergründen zusammenzubringen. Sie können in diesem Bereich eine führende Rolle einnehmen.

▶ Helfen Sie den Neulingen in einer Organisation oder in einem Unternehmen, andere Menschen kennen zu lernen. Sie werden immer ein sicheres Händchen dafür haben, dass sich Menschen schnell akzeptiert und einbezogen fühlen.

▶ Als anti-elitärer Mensch werden Sie möglicherweise mit denen kollidieren, die meinen, ein Recht auf Bevorzugung und Macht zu haben. Statt ihren Anspruch anzufechten, nutzen Sie Ihre Erkenntnisse im Bereich Integrationsbestreben, um allen dabei zu helfen, Gemeinsamkeiten und Mehrwert zu entdecken.

▶ Gestehen Sie die Dissonanz ein, die Sie ergreift, wenn Sie der Überbringer schlechter Nachrichten sein müssen. Suchen Sie sich Partner aus, die Ihnen helfen können, Ihre Position zu rechtfertigen, damit Sie sich nicht zu viel entschuldigen oder die Botschaft nicht zu sehr aufweichen.

▶ Nicht jeder Mensch ist liebenswert oder gar sympathisch. Obwohl sich viele Ihrer Bekannten und Kollegen von schwierigen

Menschen abschrecken lassen, haben Sie eine natürliche Befähigung, sich wirklich um alle Menschen zu kümmern. Signalisieren Sie anderen, dass sie sich jederzeit an Sie wenden können, wenn sie mal nicht weiterwissen, wie sie mit einem problematischen Menschen umgehen sollen.

▶ Suchen Sie sich Funktionen aus, in denen Sie kontinuierlich mit Menschen zusammenarbeiten und interagieren. Sie genießen die Herausforderung, allen Menschen ein Gefühl von Wichtigkeit zu vermitteln.

▶ Tun Sie sich mit Menschen zusammen, die Talente in den Bereichen Tatkraft oder Autorität haben. Diese Personen können Ihnen helfen, wenn Sie Nachrichten überbringen müssen, die jemanden kränken könnten.

▶ Erkennen Sie, dass Sie Menschen zusammenbringen können. Sie sind ein Kanal für Informationen. Sie können mit allen Anteilen und allen Menschen in einer Gruppe kommunizieren und sie erfolgsversprechend miteinander verbinden.

▶ Erklären Sie, was wir alle gemeinsam haben. Helfen Sie anderen zu verstehen, dass wir die Unterschiede zwischen einander (unsere Vielfalt) erst dann respektieren können, nachdem wir gelernt haben, was uns verbindet (unsere Gemeinsamkeiten).

Zusammenarbeit mit anderen Menschen mit einem ausgeprägten Talent im Bereich Integrationsbestreben

▶ Wenn Sie Gruppenverantwortungen innehaben, lassen Sie sich von Menschen mit einem ausgeprägten Talent im Bereich Integrationsbestreben helfen, um sicherzustellen, dass alle einbezogen sind. Diese Menschen werden sich bemühen, dass jede Person und jede Gruppe berücksichtigt wird.

► Bitten Sie Menschen mit einem ausgeprägten Talent im Bereich Integrationsbestreben um Unterstützung, wenn Sie sich Gedanken über potenzielle Kunden, Märkte oder Möglichkeiten machen, die Sie gegenwärtig nicht erreichen.

► Wenn Sie kein gesellschaftliches »Naturtalent« sind, bleiben Sie in der Nähe von Menschen mit einem ausgeprägten Talent im Bereich Integrationsbestreben. Sie werden dafür sorgen, dass Sie am Gespräch beteiligt sind.

INTELLEKT

Sie haben eine Vorliebe fürs Nachdenken sowie für überhaupt jede geistige Aktivität. Mit Vergnügen trainieren Sie Ihre grauen Zellen, indem Sie sie ständig in Bewegung halten. Möglicherweise richtet sich Ihre geistige Aktivität auf einen bestimmten Gegenstand, wie zum Beispiel auf die Lösung eines bestimmten Problems, auf die Entwicklung einer bestimmten Idee oder auf das Verständnis von anderen Menschen. Womit genau sich Ihr Verstand beschäftigt, ist von Ihren übrigen Stärken abhängig. Es ist jedoch auch möglich, dass Ihre geistige Aktivität nicht zielgerichtet ist. Bei der hier beschriebenen Eigenschaft geht es nicht darum, womit sich Ihr Verstand auseinandersetzt, sondern lediglich darum, dass Sie ihn ständig beschäftigen. Sie leisten sich in gewisser Weise am liebsten selbst Gesellschaft, weil Sie dann ganz ungestört in sich hineinhorchen und Ihren Gedanken nachgehen können. Sie genießen es, alleine zu sein, denn sowohl die Fragen als auch die Antworten kommen aus Ihrem Inneren. Dies kann bisweilen dazu führen, dass Sie angesichts der Diskrepanz zwischen Ihrer eigentlichen Tätigkeit und Ihrer lebhaften Gedankenwelt eine gewisse Unzufriedenheit verspüren. Es ist jedoch auch möglich, dass sich Ihre Gedanken ganz pragmatischen Dingen zuwenden, wie zum Beispiel den konkreten Tagesereignissen oder einem bevorstehenden Gespräch. Ein Leben ohne ständige geistige Aktivität ist für Sie unvorstellbar.

Und so sprechen Menschen mit einem ausgeprägten Talent im Bereich Intellekt über sich:

Lauren H., Projektleiterin: »Ich nehme an, dass die meisten Leute, die mich im Vorübergehen treffen, mich für verdammt extrovertiert halten. Ich leugne nicht die Tatsache, dass ich gerne unter Menschen bin, aber sie wären verblüfft, wenn sie wüssten, wie viel Zeit ich für mich selbst, wie viel Einsamkeit ich brauche, um in der Öffentlichkeit zu funktionieren. Ich liebe es, alleine zu sein. Ich liebe Einsamkeit, weil sie mir die Möglichkeit gibt, meinen diffusen Fokus mit etwas anderem spielen zu lassen. Dann habe ich meine besten Ideen. Meine Ideen müssen wie Kaffee erst aufgekocht werden und dann durch einen Kaffeefilter ›durchlaufen‹ können. Ich sagte den folgenden Satz schon, als ich noch ziemlich jung war: ›Ich habe meine Ideen da hineingesteckt, und nun muss ich warten, bis sie durch den Filter durchgelaufen sind.‹«

Michael P., Marketingleiter: »Es ist merkwürdig, aber ich habe herausgefunden, dass ich Lärm um mich herum haben muss, oder ich kann mich nicht konzentrieren. Teile meines Gehirns müssen beschäftigt sein, sonst geht es so schnell in so viele Richtungen, dass ich nichts fertigbekomme. Wenn ich mein Gehirn mit Fernsehen im Hintergrund oder mit meinen um mich herumtobenden Kindern beschäftigen kann, dann kann ich mich noch besser konzentrieren.«

Jorge H., Fabrikleiter und ehemaliger politischer Gefangener: »Wir kamen zur Bestrafung in Einzelhaft, aber für mich war das nie so schlimm wie für die anderen. Man könnte denken, dass man sich einsam fühlt, aber das ging mir nie so. Ich nutzte die Zeit, um über mein Leben nachzudenken und herauszufinden, was für ein Mensch ich war, und was wirklich wichtig für mich, meine Familie und meine Werte war. Auf eine seltsame Weise beruhigte mich die Einzelhaft sogar und machte mich stärker.«

Handlungsideen

► Ziehen Sie in Erwägung, ein Studium der Philosophie, Philologie oder Psychologie anzufangen oder fortzusetzen. Sie werden immer gerne Fächer studieren, die Ihren Denkprozess anregen.

► Erstellen Sie eine Liste Ihrer Ideen in einem Logbuch oder Tagebuch. Sie werden Ihnen als Wasser für ihre geistige Mühle dienen und Ihnen vielleicht wertvolle Erkenntnisse liefern.

► Bauen Sie Beziehungen bewusst zu Menschen auf, die Sie für »große Denker« halten. Sie werden Ihnen als Vorbild dienen, Ihren eigenen Denkprozess gezielt zu steuern.

► Manche halten Sie vielleicht für unnahbar oder nicht engagiert, wenn Sie Ihre Tür schließen oder Zeit allein verbringen. Helfen Sie ihnen zu verstehen, dass dieses Verhalten lediglich Ihre Denkweise widerspiegelt und nicht von einer Geringschätzung der Beziehungen herrührt, sondern von einem Wunsch, möglichst viel in diese Beziehungen einzubringen.

► Sie laufen zu Höchstform auf, wenn Sie Zeit haben, einem geistigen Weg zu folgen und zu schauen, wo er hinführt. Engagieren Sie sich an der vordersten Front von Projekten und Initiativen, statt während der Umsetzungsphase einzusteigen. Wenn Sie erst in den späteren Phasen einsteigen, wirft Sie womöglich das, was schon entschieden wurde, aus der Bahn und Ihre Erkenntnisse kommen vielleicht zu spät.

► Mit anderen intellektuelle und philosophische Debatten einzugehen, hilft Ihnen, Sachverhalte zu verstehen. Das ist jedoch nicht bei allen Menschen der Fall. Richten Sie Ihre provokativen Fragen unbedingt an diejenigen, die in ähnlicher Weise das Geben und Nehmen in einer Diskussion genießen.

Intellekt

▶ Planen Sie Zeit zum Nachdenken ein; der Denkprozess kann anregend auf Sie wirken. Nutzen Sie diese Gelegenheiten zum Sinnieren und Überlegen.

▶ Nehmen Sie sich Zeit zu schreiben. Das Schreiben kann Ihnen das ideale Umfeld bieten, um Ihre Gedanken herauszukristallisieren und zusammenzufassen.

▶ Finden Sie Menschen, die gerne über die gleichen Themen wie Sie sprechen. Organisieren Sie eine Diskussionsrunde, die sich mit Ihren Interessensgebieten auseinandersetzt.

▶ Ermutigen Sie Menschen in Ihrem Umfeld, Ihr geistiges Kapital vollständig zu nutzen, indem Sie Fragen neu formulieren und Sie in einen Dialog einbeziehen. Erkennen Sie jedoch gleichzeitig, dass es manche geben wird, die diese Vorgehensweise einschüchtern wird und die Zeit zum Überlegen brauchen werden, bevor sie in Zugzwang gebracht werden.

Zusammenarbeit mit anderen Menschen mit einem ausgeprägten Talent im Bereich Intellekt

▶ Wenn Sie mit Menschen mit einem ausgeprägten Talent im Bereich Intellekt zusammenarbeiten, zögern Sie nicht, sie zum Nachdenken herauszufordern; sie werden sich nicht bedroht fühlen. Im Gegenteil, sie werden es wahrscheinlich als Zeichen empfinden, dass Sie ihnen Aufmerksamkeit schenken.

▶ Wenn Sie Bücher, Artikel oder Vorschläge bewerten müssen, bitten Sie Menschen mit einem ausgeprägten Talent im Bereich Intellekt darum, diese zu lesen und Ihnen ihre Meinung dazu zu sagen. Sie lesen sehr gern.

► Nutzen Sie die Tatsache aus, dass der Denkprozess anregend auf diese Menschen wirkt. Müssen Sie zum Beispiel erklären, warum etwas gemacht werden muss, bitten Sie Menschen mit einem ausgeprägten Talent im Bereich Intellekt darum, darüber nachzudenken und Ihnen zu helfen, eine detaillierte Erklärung zu formulieren.

KOMMUNIKATIONSFÄHIGKEIT

Sie fühlen sich wohl, wenn Sie etwas erklären oder beschreiben dürfen. Sie lieben öffentliche Auftritte, Sie übernehmen gerne die Aufgaben eines Moderators, und natürlich schreiben Sie auch gerne. Kommunikation ist Ihr Leben. Ideen und Ereignisse sind in Ihren Augen dagegen eher unscheinbar, nüchtern und fantasielos. Und liebend gern greifen Sie hier ein und bringen scheinbar langweilige Geschichten zum Schillern, indem Sie sie auf lebendige, aufregende Weise darstellen. Eine einfache Begebenheit verwandeln Sie in eine spannende Story und erzählen Sie in den buntesten Farben. Einen ganz banalen Einfall präsentieren Sie ausgeschmückt mit Bildern, Beispielen und Metaphern. Sie gehen davon aus, dass die meisten Menschen nur für kurze Zeit in der Lage sind, wirklich zuzuhören. Von der Informationsflut, mit der wir alle ständig überschwemmt werden, bleibt letztlich nicht viel hängen. Ihnen ist jedoch daran gelegen, dass die von Ihnen bereitgestellte Information – und zwar unabhängig davon, ob es sich hier um eine Idee, eine Begebenheit, die Eigenschaften und Vorteile eines bestimmten Produktes, eine Entdeckung oder Unterrichtsstoff handelt – sich bei Ihren Zuhörern festsetzt. Sie sind bestrebt, die Aufmerksamkeit Ihrer Umgebung zunächst auf sich zu lenken und dann nicht wieder loszulassen. Dafür suchen Sie nach einer möglichst plastischen Ausdrucksweise und würzen Ihren Redefluss mit der nötigen Dramatik. Und tatsächlich hört man Ihnen zu. Sie haben die Begabung, das Interesse Ihrer Mitmenschen zu wecken, deren Blick zu schärfen und sie zum Handeln anzuregen.

Und so sprechen Menschen mit einem ausgeprägten Talent im Bereich Kommunikationsfähigkeit über sich:

Sheila K., Leiterin eines Freizeitparks: »Am besten erkläre ich etwas mit Storys. Gestern wollte ich den Mitgliedern meiner Geschäftsführung die Auswirkungen aufzeigen, die wir auf unsere Gäste haben, und so erzählte ich ihnen diese Geschichte: Eine unserer Angestellten brachte ihren Vater zu der Flaggenparade mit, die wir hier im Freizeitpark am Veterans Day haben. Er war im Zweiten Weltkrieg Invalide geworden und hat jetzt eine seltene Form von Krebs und wird sehr viel operiert. Er wird sterben. Zu Beginn der kleinen Zeremonie sagte einer unserer Angestellten zu der Gruppe: ›Dieser Mann ist ein Veteran des Zweiten Weltkrieges. Applaudieren wir ihm?‹ Alle klatschten, und seine Tochter begann zu weinen. Ihr Vater nahm seinen Hut ab. Er nimmt wegen der Narben von den Kriegsverletzungen und Krebsoperationen an seinem Kopf niemals den Hut ab, aber als die Nationalhymne anfing, nahm er seinen Hut ab und verbeugte sich. Seine Tochter erzählte mir später, dass es der beste Tag seit Jahren für ihn gewesen war.«

Tom P., Bankangestellter: »Mein letzter Kunde dachte, dass der Kapitalfluss in Richtung Internet-Aktien nur eine vorübergehende Phase sei. Ich versuchte, ihn mit rationalen Argumenten umzustimmen, aber er konnte oder wollte sich nicht überzeugen lassen. Schließlich suchte ich, was ich oft tue, wenn ich einen ablehnenden Kunden habe, Zuflucht in einem Bildnis. Ich erzählte ihm, dass er wie jemand sei, der am Strand mit dem Rücken zur See sitzt. Das Internet ist wie das Meer bei Flut. Ganz egal, wie gut er sich jetzt fühlt, die Flut steigt mit jeder brandenden Welle und wird bald über seinem Kopf zusammenschlagen und ihn verschlingen. Auf einmal verstand er mich.«

Margret D., Marketingdirektorin: »Ich las einmal ein Buch darüber, wie man Vorträge hält, das zwei Ratschläge gab: Sprechen Sie nur über Dinge, die Sie leidenschaftlich lieben, und gebrauchen Sie immer persönliche Beispiele. Ich begann sofort damit, und ich fand viele Storys, weil ich Kinder und Enkel und einen Ehemann habe. Ich baue meine Geschichte um meine persönlichen Erfahrungen herum auf, weil sich dann jeder damit identifizieren kann.«

Handlungsideen

▶ Sie sind erfolgreich in Funktionen, in denen Sie die Aufmerksamkeit von Menschen auf sich ziehen müssen. Denken Sie über eine Karriere als Lehrende oder Geistliche oder eine Karriere im Vertrieb, im Marketing oder in den Medien nach. Ihr Talent im Bereich Kommunikationsfähigkeit wird wahrscheinlich in diesen Bereichen gedeihen.

▶ Fangen Sie an, Geschichten oder Sprüche zu sammeln, die Sie besonders ansprechen. Schneiden Sie zum Beispiel Zeitschriftenartikel aus, die Sie bewegen, oder schreiben Sie starke Wortkombinationen auf. Üben Sie für sich allein, diese Geschichten zu erzählen oder die Worte laut zu sagen. Hören Sie zu, wie Sie die Worte aussprechen. Perfektionieren Sie Ihre Darbietung.

▶ Wenn Sie eine Präsentation halten, achten Sie genau auf Ihr Publikum. Beobachten Sie, wie es auf jeden Abschnitt Ihrer Präsentation reagiert. Sie werden merken, dass manche Abschnitte besonders fesselnd sind. Nehmen Sie sich hinterher die Zeit, um die Momente zu bestimmen, die beim Publikum besonders aufmerksamkeitswirksam waren. Entwerfen Sie Ihre nächste Präsentation mit diesen Highlights im Mittelpunkt.

▶ Üben, üben, üben. Zwar hat die Improvisation einen gewissen Reiz, doch reagiert ein Publikum im Allgemeinen am besten auf Referenten, die wissen, wo die Reise hingeht. Es klingt wie ein

Widerspruch, doch je besser Sie sich vorbereiten, desto natürlicher erscheinen Ihre Improvisationen.

► Identifizieren Sie jene Zuhörer, die Ihre beste Kommunikation aus Ihnen herausholen. Überprüfen Sie diese Individuen oder Gruppen, um zu erfahren, warum Sie so gut sind, wenn Sie mit oder zu ihnen sprechen, und suchen Sie die gleichen Qualitäten bei potenziellen Partnern und Foren.

► Wählen Sie Ihre Worte sorgfältig. Sie fungieren als kritische Währung. Nutzen Sie diese bewusst und überwachen Sie ihre Wirkung.

► Ihr Talent im Bereich Kommunikationsfähigkeit kann äußerst wirkungsvoll sein, wenn Ihre Botschaft Substanz hat. Verlassen Sie sich nicht ausschließlich auf Ihr Talent; heben Sie Ihre Kommunikation auf ein höheres Niveau, indem Sie Ihr Wissen und Ihre Fachkenntnisse in spezifischen Bereichen weiterentwickeln.

► Sie sind darin begabt, den Dialog unter Gleichgestellten und Kollegen zu fördern. Nutzen Sie Ihr Talent im Bereich Kommunikationsfähigkeit, um die unterschiedlichen Punkte in einer Sitzung zusammenzufassen und einen Konsens zu erzielen, indem Sie anderen zeigen, was sie verbindet.

► Wenn Sie gerne schreiben, ziehen Sie eine Veröffentlichung Ihrer Arbeit in Betracht. Reden Sie gerne vor einem Publikum, halten Sie eine Präsentation bei einer professionellen Versammlung oder auf einem Kongress. In jedem Fall wird Ihr Talent im Bereich Kommunikationsfähigkeit Ihnen dabei helfen, Ihre Ideen perfekt in Szene zu setzen und Ihren Zweck genau darzulegen. Sie teilen Ihre Gedanken mit Begeisterung mit anderen, also finden Sie das Medium, das am besten zu Ihrer Stimme und Ihrer Botschaft passt.

▶ Ergreifen Sie freiwillig die Gelegenheit, Präsentationen zu halten. Sie können im Unternehmen bekannt werden als jemand, der Menschen dabei hilft, ihre Gedanken und Ambitionen fesselnd auszudrücken.

Zusammenarbeit mit anderen Menschen mit einem ausgeprägten Talent im Bereich Kommunikationsfähigkeit

▶ Menschen mit einem ausgeprägten Talent im Bereich Kommunikationsfähigkeit fällt es leicht, ein Gespräch zu führen. Laden Sie sie zu Veranstaltungen oder Abendessen ein, bei denen Sie potenzielle oder bestehende Kunden empfangen möchten.

▶ Wenn Sie mit diesen Menschen zusammenarbeiten, nehmen Sie sich die Zeit, mehr über ihr Leben und ihre Erfahrungen zu lernen. Solche Menschen genießen es zu erzählen, und Sie genießen es zuzuhören. Und so festigt sich Ihre Beziehung zueinander.

▶ Besprechen Sie Pläne für Veranstaltungen Ihres Unternehmens mit Menschen mit einem ausgeprägten Talent im Bereich Kommunikationsfähigkeit. Sie werden bestimmt gute Ideen haben – sowohl für die Unterhaltung als auch für die Themen, die während der Veranstaltung kommuniziert werden sollten.

KONTAKTFREUDIGKEIT

Mit Vergnügen gehen Sie auf unbekannte Menschen zu und gewinnen deren Sympathie im Handumdrehen. Fremde Gesichter haben für Sie etwas ungemein Anziehendes. Lächelnd gehen Sie auf Fremde zu, stellen sich vor, beginnen das Gespräch mit ein paar unverfänglichen Fragen und finden auf Anhieb gleiche Interessensgebiete, an denen sich die weitere Unterhaltung orientiert. Manche Menschen gehen Gesprächen mit Unbekannten eher aus dem Weg, weil sie befürchten, dass ihnen der Gesprächsstoff ausgehen könnte. Im Gegensatz dazu fehlen Ihnen nur ganz selten die Worte, und Sie finden es spannend, auf fremde Menschen zuzugehen. Ihnen bereitet es jedes Mal aufs Neue Vergnügen, das Eis zu brechen und zu beobachten, wie Ihr Gegenüber auftaut. Sobald Sie Ihre Gesprächspartner an diesem Punkt haben, beenden Sie das Gespräch ebenso gerne wieder und ziehen Ihres Weges. Denn da warten bereits scharenweise Unbekannte, die ebenfalls kennen gelernt werden wollen, es locken neue Umgebungen und Gruppen, unter die Sie sich mischen müssen. In Ihrer Welt gibt es keine Fremden. Nur Freunde, die Sie noch nicht kennen gelernt haben, und davon gibt es ziemlich viele.

Und so sprechen Menschen mit einem ausgeprägten Talent im Bereich Kontaktfreudigkeit über sich:

Deborah C., Verlagsleiterin: »Ich habe die besten Freundschaften mit Menschen geschlossen, die ich im Hauseingang getroffen habe. Ich meine, das ist furchtbar, aber Kontakte zu schließen, ist Teil meines Lebens. Alle meine Taxifahrer machen mir einen Heiratsantrag.«

Marilyn K., College-Präsidentin: »Ich glaube nicht, dass ich mich um Freundschaften bemühe, aber die Leute nennen mich eine Freundin. Ich rufe die Leute an und sage: ›Ich mag Sie‹, und ich meine das, weil es mir leicht fällt, Menschen zu mögen. Aber Freunde? Ich habe nicht viele Freunde. Ich denke nicht, dass ich nach Freunden suche. Ich suche nach Beziehungen. Und darin bin ich wirklich gut, weil ich weiß, wie man Gemeinsamkeiten mit Menschen entwickelt.«

Anna G., Krankenschwester: »Ich denke, dass ich manchmal ein wenig schüchtern bin. Gewöhnlich tue ich nicht den ersten Schritt. Aber ich weiß, wie man es den Leuten leicht macht. Ein Großteil meiner Arbeit ist einfach Humor. Wenn der Patient nicht sehr zugänglich ist, wird meine Aufgabe die einer Komödiantin. Ich sage zum Beispiel zu einem 80-Jährigen: ›Hallo, Sie gutaussehender Kerl. Setzen Sie sich gerade hin. Lassen Sie mich Ihr Hemd ausziehen. Ja, gut. Ziehen Sie Ihr Hemd aus. Oh, was für einen Brustkorb dieser Mann hat!‹ Bei Kindern muss man sehr langsam beginnen und zum Beispiel sagen: ›Wie alt bist du?‹ Wenn sie sagen ›Zehn‹, dann sagen Sie: ›Wirklich? Als ich so alt war wie du, war ich elf‹, alberne Dinge, um das Eis zu brechen.«

Handlungsideen

▶ Wählen Sie einen Beruf, in dem Sie im Laufe des Tages mit vielen Menschen in Kontakt treten können.

▶ Bauen Sie bewusst ein Netzwerk von Menschen auf, die Sie kennen. Pflegen Sie das Netzwerk, indem Sie sich mindestens einmal im Monat bei jeder Person melden.

▶ Treten Sie Organisationen in Ihrer Gemeinde bei, melden Sie sich für Komitees und finden Sie heraus, wie Sie sich auf die Kontaktlisten von einflussreichen Menschen in Ihrer Umgebung setzen lassen könnten.

▶ Lernen Sie die Namen von so vielen Menschen wie möglich. Erstellen Sie eine Datei mit einer Liste Ihrer Bekannten, und fügen Sie Namen hinzu, sobald Sie neue Bekanntschaften schließen. Schreiben Sie eine persönliche Information über jede Person auf – Geburtstag, Lieblingsfarbe, Hobby oder Lieblingsmannschaft.

▶ Übernehmen Sie in gesellschaftlichen Situationen die Verantwortung dafür, dass schüchterne Menschen sich wohlfühlen.

▶ Finden Sie die richtigen Worte, um zu erklären, dass das Networking zu Ihren Charakterzügen gehört. Wenn Sie das nicht thematisieren, könnten andere Ihr Verhalten als unehrlich missverstehen und sich fragen, warum Sie so freundlich sind.

▶ Tun Sie sich mit Menschen mit einem ausgeprägten Talent im Bereich Bindungsfähigkeit oder Einfühlungsvermögen zusammen. Diese Personen können die Beziehungen festigen, die Sie herstellen.

▶ Ihre Kontaktfreudigkeit verleiht Ihnen die Fähigkeit, Ihre Umgebung näher zusammenzubringen. Erkennen Sie die Macht Ihrer Präsenz und Ihre Befähigung, Türen für einen Ideenaustausch zu öffnen. Sie steigern die Energie im Raum um mindestens eine, wenn nicht um mehrere Stufen, indem Sie einfach ein Gespräch eröffnen, das andere miteinbezieht und talentierte Menschen zusammenführt.

▶ Die ersten Sekunden bei jedem gesellschaftlichen Anlass sind entscheidend dafür, wie wohl sich Menschen fühlen und wie sie sich an die Veranstaltung erinnern werden. Wenn möglich, versuchen sie unter den ersten Personen zu sein, die die Gäste treffen. Dank Ihrer Fähigkeit, mit unbekannten Leuten ins Gespräch zu kommen, fühlen sie sich schnell in der Umgebung wohl.

▶ Üben Sie, wie Sie andere am besten bezaubern und mitreißen können. Stellen Sie beispielweise im Vorfeld Recherchen über Menschen an, damit Sie über gemeinsame Interessen sprechen können, wenn Sie ihnen begegnen.

Zusammenarbeit mit Menschen mit einem ausgeprägten Talent im Bereich Kontaktfreudigkeit

▶ Helfen Sie kontaktfreudigen Menschen dabei, täglich neue Leute kennen zu lernen. Sie können Fremden dabei helfen, sich sofort wohlzufühlen, und dazu beitragen, dass sie sich in Ihrer Organisation schnell einleben.

▶ Wollen Sie Ihr eigenes Netzwerk erweitern, wenden Sie sich an diese Menschen. Sie werden Ihnen helfen, neue Beziehungen zu knüpfen und Ihre Ziele zu erreichen.

► Machen Sie sich bewusst, dass Menschen mit einem ausgeprägten Talent im Bereich Kontaktfreudigkeit Wert darauf legen, einen großen Freundeskreis zu haben. Wenn diese Menschen Sie
nur flüchtig begrüßen und weitergehen, nehmen Sie es nicht
persönlich.

KONTEXT

Sie richten Ihren Blick zurück in die Vergangenheit, um die Gegenwart zu verstehen und zukünftige Entwicklungen vorherzusehen. Sie wollen wissen, womit alles anfing, deswegen lesen Sie Geschichtsbücher und Biographien und stellen Ihren Bekannten Fragen zu ihrem bisherigen Leben. Sie blicken zurück, weil Sie in der Vergangenheit die Antworten auf aktuelle Fragen finden. Die Gegenwart erleben Sie eher als unübersichtliches Stimmengewirr. Der Rückblick in eine Zeit, in der die Entwürfe, auf denen die Gegenwart aufbaut, erst im Entstehen begriffen waren, liefert Ihnen dagegen Orientierungspunkte und Sicherheit. Die Vergangenheit bietet Ihnen eine größere Klarheit und Übersichtlichkeit als die Gegenwart. Deshalb verfolgen Sie die Realitäten zurück zu ihrem Ursprung, der in den Entwürfen angelegt ist. Sie gehen zurück zu den ursprünglichen Absichten. Diese haben sich auf dem Weg der Realisierung so stark verändert, dass sie in der Gegenwart bisweilen kaum wiederzuerkennen sind. Mit Ihrem Sinn für Zusammenhänge holen Sie sie jedoch wieder ans Tageslicht. Dann, wenn Sie sich einen Überblick verschafft haben, sind Sie in der Lage, angemessene Entscheidungen zu treffen. Sie finden beispielsweise zu einer besseren Zusammenarbeit mit Ihren Kollegen, weil Sie nun plötzlich verstehen, welche Entwicklung diese hinter sich haben. Und gleichzeitig gewinnen Sie Erkenntnisse über die Zukunft, weil Ihnen bewusst geworden ist, dass sie ihren Ursprung in der augenblicklichen Gegenwart hat. Stehen Sie neuen Personen und neuen Situationen gegenüber, dauert es gewöhnlich eine Weile, bis Sie sich orientiert haben. Diese Zeit sollten Sie sich jedoch nehmen. Stellen Sie ruhig

alle notwendigen Fragen. Verfolgen Sie die Gegenwart zu
ren Ursprüngen. Denn wenn Sie nicht den Anfang einer
te kennen, fällt es Ihnen schwer, Ihre Rolle darin zu übe

**Und so sprechen Menschen mit einem ausgeprägten Talent
im Bereich Kontext über sich:**

Adam Y., Software-Designer: »Ich sage meinen Leuten: ›Lassen Sie
uns das Vuja-de vermeiden.‹ Und sie antworten: ›Ist das nicht das
falsche Wort? Sollte es nicht Déjà-vu heißen?‹ Und ich sage: ›Nein,
Vuja-de bedeutet, dass wir dazu neigen, die Fehler unserer Vergangenheit zu wiederholen. Das müssen wir vermeiden. Wir müssen unsere Vergangenheit betrachten, sehen, was zu unseren Fehlern führte, und sie dann nicht noch einmal machen.‹ Das hört sich
selbstverständlich an, aber die meisten Menschen schauen nicht in
ihre Vergangenheit oder haben kein Vertrauen in sie oder so. Und
deshalb ist es für sie immer wieder ein Vuja-de.«

Jesse K., Medienanalyst: »Ich habe sehr wenig Einfühlungsvermögen, deshalb baue ich keine Beziehungen zu Menschen über ihren
jeweiligen gegenwärtigen Gemütszustand auf. Stattdessen baue ich
sie über ihre Vergangenheit auf. Wirklich, ich kann nicht einmal
anfangen, Menschen zu verstehen, bevor ich nicht herausgefunden
habe, wo sie aufgewachsen sind, wer ihre Eltern waren und was sie
im College studiert haben.«

Gregg H., Leiter der Buchhaltung: »Ich stellte vor kurzem das gesamte Büro auf ein neues Buchführungssystem um, und der einzige Grund, warum das klappte, war, dass ich die Vergangenheit der
Mitarbeiter anerkannte. Wenn Menschen ein Buchführungssystem
aufbauen, ist das ihr Blut, Schweiß und ihre Tränen. Sie identifizieren sich persönlich damit. Wenn ich dann also komme und ihnen
einfach sage, dass ich es ihnen wegnehme, ist es so, als ob ich ihnen

sage, dass ich ihnen ihr Baby wegnehme. Mit diesem Gemütszustand hatte ich es zu tun. Ich musste diese Verbindung respektieren, diese Geschichte, oder sie hätten mich von Anfang an abgelehnt.«

Handlungsideen

▶ Noch vor Anfang der Projektplanung sollten Sie die Beteiligten dazu auffordern, sich mit früheren Projekten zu befassen. Verdeutlichen Sie ihnen die Aussage: »Wer sich nicht seiner Vergangenheit erinnert, ist verurteilt, sie zu wiederholen«.

▶ Üben Sie eine Rolle aus, bei der Sie andere unterrichten. Bauen Sie Ihren Unterricht um Fallstudien herum. Sie genießen die Suche nach dem passenden Fall, und die Studierenden lernen aus diesen Präzedenzfällen. Nutzen Sie Ihr Verständnis der Vergangenheit, um anderen zu helfen, die Zukunft zu planen.

▶ Helfen Sie Ihrer Organisation oder Ihrem Unternehmen, die eigene Kultur und Geschichte zu stärken. Sammeln Sie zum Beispiel Symbole und Geschichten, die das Beste der Vergangenheit repräsentieren, oder schlagen Sie vor, eine Auszeichnung nach einer Person zu benennen, die die historischen Traditionen Ihrer Organisation verkörpert.

▶ Tun Sie sich mit jemandem zusammen mit ausgeprägten Talenten in den Bereichen Zukunftsorientierung oder Strategie. Deren Faszination vom »Möglichen« verhindert, dass Sie in der Vergangenheit feststecken; umgekehrt verhindert Ihr tiefes Verständnis für Kontext, dass sie die Lektionen der Vergangenheit ignorieren. Zusammen haben Sie größere Chancen, etwas Dauerhaftes zu schaffen.

► Akzeptieren Sie den Wandel. Bedenken Sie, dass Ihr Talent im Bereich Kontext Sie nicht dazu zwingt, in der Vergangenheit zu leben. Stattdessen können Sie sogar zum Antreiber für positive Veränderung werden. Ihr instinktives Gefühl für den Kontext ermöglicht es Ihnen, klarer als die meisten Menschen jene Aspekte der Vergangenheit zu erkennen, die verworfen werden können, und jene, die beibehalten werden müssen, um eine nachhaltige Zukunft aufzubauen.

► Wenden Sie Vergleiche mit früheren Erfolgen an, um ein anschauliches Bild für andere auszumalen, was in der Zukunft »sein könnte«. Die so geschaffenen Bilder aus dem wahren Leben können Vertrauen und emotionales Engagement erzeugen.

► Sie erkennen, dass das bisherige Verhalten die beste Vorhersage für zukünftiges Verhalten darstellt. Löchern Sie Ihre Bekannten und Mitarbeiter mit Fragen über Handlungen, die zu ihren gegenwärtigen Erfolgen beigetragen haben, damit Sie ihnen dabei helfen, in Zukunft bessere Entscheidungen zu treffen. So können sie ihre Entscheidungen in einem Gesamtzusammenhang sehen.

► Lesen Sie historische Romane, Sachbücher oder Biografien. Sie entdecken darin zahlreiche Erkenntnisse, die Ihnen helfen, die Gegenwart zu verstehen. Das wird Ihnen helfen, klarer denken zu können.

► Vergleichen Sie historische Ereignisse und Situationen mit Ihren gegenwärtigen Herausforderungen. Das Erkennen von Gemeinsamkeiten führt Sie womöglich zu einer neuen Perspektive oder zu einer Antwort auf Ihre Probleme.

► Suchen Sie sich Mentoren, die ein Gefühl für Geschichte haben. Deren Erzählungen und Erinnerungen werden Ihren Denkprozess anregen.

Zusammenarbeit mit anderen Menschen mit einem ausgeprägten Talent im Bereich Kontext

▶ Während eines Meetings sollten Sie sich immer an Menschen mit einem ausgeprägten Talent im Bereich Kontext wenden, um Bilanz über Erreichtes und Gelerntes zu ziehen. Sie werden instinktiv darauf vorbereitet sein, anderen den Zusammenhang des Entscheidungsprozesses bewusst zu machen.

▶ Menschen mit einem ausgeprägten Talent im Bereich Kontext denken in Fallstudien: »Wann befanden wir uns in einer ähnlichen Situation? Was haben wir gemacht? Was haben wir gelernt?« Sie können von ihnen erwarten, dass sie dieses Talent anwenden, um anderen beim Lernen zu helfen, insbesondere dann, wenn Anekdoten und Beispiele benötigt werden.

▶ Wenn Sie diese Menschen neuen Kollegen vorstellen, bitten Sie sie, über ihren Hintergrund zu erzählen, bevor Sie über den Job sprechen.

LEISTUNGSORIENTIERUNG

Sie werden von einem beständigen Bedürfnis getrieben, etwas zu erreichen und Leistung zu erbringen. Sie haben das Gefühl, jeden Tag bei Null anzufangen und brauchen am Abend ein greifbares Ergebnis, sonst sind Sie mit sich selbst unzufrieden. Auch an Wochenenden und Urlaubstagen machen Sie keine Pause. Egal wie sehr Sie sich eigentlich längst eine Ruhepause verdient hätten – wenn ein Tag ohne Erfolge zu Ende geht, und sind diese auch noch so klein, sind Sie unzufrieden. Angetrieben von Ihrem Ehrgeiz, wollen Sie ständig mehr schaffen, mehr erreichen. Wenn Sie dann an einem bestimmten Ziel angelangt sind, ist Ihr Ehrgeiz nur für kurze Zeit zufrieden gestellt, bald schon werden Sie von Neuem angestachelt und steuern neue Ziele an. Möglicherweise folgt Ihr Ehrgeiz keiner tieferen Logik und ist auch nicht auf ein konkretes Ziel ausgerichtet, im Wesentlichen zeichnet er sich durch Unersättlichkeit und Dauerhaftigkeit aus. Als leistungsorientierter Mensch müssen Sie lernen, mit einer beständig nagenden Unzufriedenheit zu leben, die jedoch auch verschiedene positive Seiten aufweist. Sie ist die Triebfeder, die Sie harte Arbeitstage durchstehen lässt, ohne innerlich auszubrennen. Ihre Unzufriedenheit vereinfacht Ihnen den Einstieg in neue Aufgaben und liefert Energie für das hohe Arbeitstempo und Produktivitätsniveau, das Sie von Ihrer Arbeitsgruppe erwarten. Ihre Unzufriedenheit hält Sie in Bewegung.

Und so sprechen Menschen mit einem ausgeprägten Talent im Bereich Leistungsorientierung über sich:

Melanie K., Krankenschwester: »Ich muss jeden Tag eine Liste von Punkten abarbeiten, um mich erfolgreich zu fühlen. Heute bin ich erst seit einer halben Stunde hier, aber ich habe wahrscheinlich schon 30 Punkte gesammelt. Ich habe Ausrüstung bestellt, habe Geräte reparieren lassen, ich hatte ein Gespräch mit meiner Ablösung, ich hatte ein kurzes Brainstorming mit unserer Sekretärin über die Verbesserung unserer Computer-Patientenverzeichnisse. So stehen auf meiner Liste 90 Dinge. 30 davon habe ich heute schon erledigt. Deshalb fühle ich mich gerade ziemlich gut.«

Ted S., Verkäufer: »Im vergangenen Jahr war ich Verkäufer des Jahres, der aus 300 Verkäufern meiner Firma gewählt wird. Ich fühlte mich einen Tag gut, aber noch in derselben Woche war es tatsächlich so, als ob es nie geschehen sei. Ich war wieder bei Null. Manchmal wünschte ich, es wäre nicht so, weil es mich von einem ausgeglichenen Leben zur Besessenheit treiben kann. Ich dachte früher, ich könnte mich ändern, aber jetzt weiß ich, dass ich so bin. Dieses Talent ist wirklich ein zweischneidiges Schwert. Es hilft mir, meine Ziele zu erreichen, aber andererseits wünschte ich, ich könnte es willkürlich ab- und anschalten. Nun, das kann ich aber nicht. Aber ich kann es im Griff behalten und vermeiden, dass ich bis zur Besessenheit arbeite, indem ich mich auf andere Bereiche meines Lebens und nicht einfach nur auf die Arbeit konzentriere.«

Sara L., Schriftstellerin: »Dieses Talent ist wirklich komisch. Zuerst glaubte ich, es sei gut, weil man sich ständig selbst herausfordert. Aber dann ist es so, dass man immer das Gefühl hat, niemals sein Ziel erreicht zu haben. Es kann Sie dazu bringen, Ihr ganzes Leben lang mit 100 Stundenkilometern den Berg hinaufzufahren. Sie ruhen sich niemals aus, weil es immer wieder etwas zu tun gibt. Aber alles in allem will ich lieber damit leben als ohne. Ich nenne es meine ›göttliche Ruhelosigkeit‹, und es gibt mir das Gefühl, dass ich der Gegenwart alles schulde, was ich habe, also lassen wir es so. Ich kann damit leben.«

Handlungsideen

▶ Wählen Sie Aufgaben, die Ihnen den Handlungsspielraum verleihen, so hart zu arbeiten, wie Sie möchten, und die Sie ermuntern, Ihre eigene Produktivität zu messen. Sie werden sich in diesen Umgebungen herausgefordert und lebendig fühlen.

▶ Mit Ihrer Leistungsorientierung genießen Sie das Gefühl, beschäftigt zu sein, Sie müssen aber auch wissen können, wann Sie »fertig« sind. Fügen Sie Ihren Zielen Zeitrahmen und Messungen hinzu, damit Ihre Anstrengungen zu einem definierten Fortschritt und greifbaren Ergebnissen führen.

▶ Denken Sie daran, Jubel und Anerkennung in Ihr Leben einzubauen. Leistungsorientierte Menschen neigen häufig dazu, zur nächsten Herausforderung zu springen, ohne ihre Erfolge anzuerkennen. Widersetzen Sie sich diesem Impuls, indem Sie regelmäßig Gelegenheiten schaffen, wo Sie Ihren Fortschritt und Ihre Errungenschaften genießen können.

▶ Ihr Handlungsantrieb könnte dazu führen, dass Sie Meetings etwas langweilig erleben. Wenn dem so ist, nutzen Sie Ihr Talent zur Leistungsorientierung, indem Sie die Ziele vor jedem Meeting herausfinden und sich Notizen über den Fortschritt hin zu diesen Zielen während des Meetings machen. So können Sie dazu beitragen, dass die Meetings produktiv und effizient sind.

▶ Setzen Sie Ihre Ausbildung fort, indem Sie sich in Ihrem Fachbereich oder Spezialgebiet zertifizieren lassen sowie an Konferenzen und anderen Programmen teilnehmen. Das gibt Ihnen noch mehr Ziele, die Sie erreichen können, und es erweitert Ihre Leistungsgrenzen.

► Sie brauchen nicht viel Motivation von anderen. Nutzen Sie Ihre Eigenmotivation, und setzen Sie sich ehrgeizige Ziele. Jedes Mal, wenn Sie ein Projekt realisiert haben, setzen Sie sich ein noch anspruchsvolleres Ziel.

► Suchen Sie sich Partner, die hart arbeiten. Teilen Sie ihnen Ihre Ziele mit, damit sie Ihnen dabei helfen, mehr zu leisten.

► Berücksichtigen Sie auch private Erfolge. So können Sie Ihr Talent im Bereich Leistungsorientierung auch auf Familie und Freunde ausrichten, und nicht nur auf die Arbeit.

► Sie sind begeistert, wenn Sie mehr Arbeit haben. Die Arbeit, die noch vor Ihnen liegt, ist ungleich motivierender als das, was schon erledigt wurde. Starten Sie Initiativen und neue Projekte. Ihre scheinbar unerschöpflichen Energiereserven schaffen Begeisterung und Schwung.

► Stellen Sie jedoch sicher, dass Ihr Wunsch nach immer mehr Arbeit nicht dazu führt, dass die Qualität zu kurz kommt. Schaffen Sie messbare Ergebnisse, um sicherzustellen, dass höhere Produktivität mit einer gesteigerten Qualität einhergeht.

Zusammenarbeit mit anderen Menschen mit einem ausgeprägten Talent im Bereich Leistungsorientierung

► Bauen Sie eine Beziehung mit anderen leistungsorientierten Menschen auf, indem Sie nebeneinander arbeiten. Die gemeinsame harte Zusammenarbeit ist für sie häufig eine zusammenschweißende Erfahrung. Sie ärgern sich über Faulpelze.

▶ Erkennen Sie, dass leistungsorientierte Menschen gerne beschäftigt sind. Da es sie wahrscheinlich langweilt, in Meetings sitzen zu müssen, sollten Sie sie nur zu Meetings einladen, bei denen Sie sie wirklich brauchen und wo ihre ganze Aufmerksamkeit verlangt wird. Wenn sie nicht am Meeting teilnehmen müssen, sollten Sie sie lieber ihre Arbeit erledigen lassen.

▶ Leistungsorientierte Menschen brauchen häufig weniger Schlaf und stehen früher als andere auf. Sprechen Sie sie gerne darauf an, und stellen Sie solche Fragen wie: »Wie lange waren Sie gestern Abend noch hier?« oder »Wann sind Sie heute Morgen reingekommen?« Solche Aufmerksamkeiten werden sie sehr zu schätzen wissen.

POSITIVE EINSTELLUNG

Sie geizen nicht mit Lob, haben stets ein Lächeln auf den Lippen und leben Ihr Leben mit Humor. Ihre Ausstrahlung ist geprägt von unbeschwerter Heiterkeit, um die Sie so mancher beneidet. In jedem Fall schätzen andere Ihre Gesellschaft und lassen sich gerne von Ihrer Unbekümmertheit anstecken. Für viele weniger optimistisch eingestellte Zeitgenossen ist das Leben oft eine einzige monotone und zudem völlig ausweglose Quälerei. Sie dagegen wissen immer, wie Sie andere mit Ihrem Frohsinn mitreißen können. Sie bringen Spannung ins Leben, feiern jede noch so kleine Errungenschaft und lassen sich eine Menge einfallen, um den grauen Alltag bunt und lebendig zu gestalten. So mancher Zyniker hat für Ihr heiteres Wesen möglicherweise nur höhnischen Spott übrig, aber so schnell lassen Sie sich nicht unterkriegen, dafür sind Sie viel zu positiv eingestellt. Sie werden einfach den Eindruck nicht los, dass das Leben ein Heidenspaß ist, zu dem auch Ihre Arbeit beiträgt, und dass man, aller Rückschläge ungeachtet, auf keinen Fall den Sinn für Humor verlieren sollte.

Und so sprechen Menschen mit einem ausgeprägten Talent im Bereich Positive Einstellung über sich:

Gerry L., Flugbegleiter: »Es sind so viele Leute in einem Flugzeug, dass ich in den Jahren ein Spiel daraus gemacht habe, einen oder zwei auf einem Flug auszusuchen und etwas Besonderes für sie zu tun. Natürlich bin ich höflich zu jedermann und bediene sie genauso professionell, wie ich bedient werden möchte, aber darüber hinaus versuche ich, einem Fluggast oder einer Familie oder kleinen Gruppe von Leuten das Gefühl zu geben, dass sie etwas Besonderes sind. Mit Witzen und Gesprächen und kleinen Spielen, die ich spiele.«

Andy B., Leitung Online-Marketing: »Ich bin eine von denen, die gern etwas Trubel verbreitet. Ich lese ständig Zeitschriften, und wenn ich etwas Lustiges finde, einen neuen Laden, einen neuen Lipgloss oder was auch immer, erzähle ich jedermann davon. ›Oh, bist du schon in diesem Laden gewesen. Er ist so cool. Schau dir diese Bilder an. Guck dir das an.‹ Ich bin so leidenschaftlich, wenn ich über etwas spreche, dass die Leute einfach tun müssen, was ich sage. Nicht etwa, dass ich eine großartige Verkäuferin wäre. Das bin ich nicht. Tatsächlich hasse ich es, um Unterschriften zu bitten, ich hasse es, Leute zu belästigen. Es ist einfach, dass meine Leidenschaft über das, was ich sage, die Leute denken lässt: ›Donnerwetter, sie hat Recht.‹«

Sunny G., Kommunikationsmanagerin: »Ich denke, dass die Welt mit genügend negativen Menschen geplagt ist. Wir brauchen mehr positive Menschen, Menschen, die sich auf das konzentrieren, was in der Welt richtig ist. Negative Menschen geben mir ein Gefühl der Schwere. In meiner letzten Arbeitsstelle war jemand, der jeden Morgen in mein Büro kam, einfach um sich bei mir auszuweinen. Ich wich ihm absichtlich aus. Ich sah ihn kommen, und ich ging zur Toilette oder an irgendeinen anderen Ort. Er gab mir das Gefühl, die Welt sei ein miserabler Ort, und das hasste ich.«

Handlungsideen

► Wahrscheinlich laufen Sie zu Höchstform in jeder Rolle auf, in der Sie dafür bezahlt werden, das Positive hervorzuheben. Eine Rolle als Lehrkraft, im Verkauf, eine unternehmerische oder eine Führungsrolle wird Ihrer Fähigkeit am ehesten gerecht, Dingen eine gewisse Dynamik zu verleihen.

► Sie sind tendenziell begeisterungsfähiger und energischer als die meisten anderen Menschen. Wenn andere sich entmutigen lassen oder zögern, Risiken einzugehen, gibt Ihre Haltung ihnen den Anstoß weiterzumachen. Mit der Zeit werden andere von Ihnen erwarten, dass Sie ihnen diesen »Auftrieb« geben.

► Planen Sie besondere Aktivitäten für Ihre Bekannten und Kollegen. Überlegen Sie sich beispielsweise, wie Sie kleine Leistungen in Events umwandeln können, planen Sie regelmäßige Feiern, auf die sich andere freuen können, oder nutzen Sie die jährlichen Feiertage und Festtage.

► Erklären Sie anderen, dass sie Ihre Begeisterung nicht mit einfacher Naivität verwechseln sollten. Sie wissen, dass schlimme Dinge passieren können; Sie konzentrieren sich jedoch lieber auf das Positive.

► Andere zu ermutigen, bereitet Ihnen die größte Freude. Geizen Sie nicht mit Ihrer Wertschätzung, und sorgen Sie dafür, dass das Lob nicht vage bleibt. Versuchen Sie konsequent, Ihre Gefühle in eine spezifische, handfeste und persönliche Form der Dankbarkeit und Anerkennung zu bringen.

► Wenn Sie Ihre positive Einstellung mit anderen teilen, stellen Sie sicher, sie zu schützen und zu kultivieren. Wenn nötig, isolieren Sie sich von chronischen Nörglern und Quenglern, und verbringen Sie bewusst Zeit in positiven Umgebungen, die Ihren Optimismus nähren und beleben.

▶ Täuschen Sie nicht vor, dass Schwierigkeiten Sie nichts angehen. Andere müssen mitbekommen, dass sie nicht naiv sind, auch wenn Sie das Gute in fast jeder Situation finden. Erkennen Sie Herausforderungen und kommunizieren Sie die Gründe für Ihren Optimismus. Ihre positive Einstellung wird die stärkste Wirkung entfalten, wenn andere erkennen, dass sie in der Realität verankert ist.

▶ Da sich Menschen darauf verlassen werden, dass Sie ihnen helfen, über ihre täglichen Enttäuschungen hinauszuwachsen, wappnen Sie sich mit guten Geschichten, Witzen und Redewendungen. Unterschätzen Sie nie die Wirkung, die Sie auf andere ausüben können.

▶ Meiden Sie negative Menschen. Diese werden Sie nur demotivieren. Stattdessen suchen Sie sich Menschen, die das Positive in der Welt genauso wie Sie erkennen können. Sie werden einander anspornen.

▶ Helfen Sie anderen bewusst zu sehen, was bei ihnen gut läuft. Sie können ihren Blick für das Positive schärfen.

Zusammenarbeit mit anderen Menschen mit einem ausgeprägten Talent im Bereich Positive Einstellung

▶ Menschen mit positiver Einstellung sorgen für Bewegung und Energie am Arbeitsplatz. Sie werden Ihre Organisation positiver und dynamischer machen.

▶ Das bedeutet allerdings nicht, dass Menschen mit einem ausgeprägten Talent im Bereich Positive Einstellung immer gut gelaunt sind. Es bedeutet jedoch schon, dass sie andere durch ihren Humor und ihre Einstellung mehr für ihre Arbeit begeistern. Erinnern Sie sie an diese Stärke, und ermutigen Sie sie, diese einzusetzen.

▶ Zyniker zehren die Energie von Menschen mit positiver Einstellung schnell auf. Erwarten Sie nicht, dass diese Menschen Spaß daran haben, negative Menschen aufzumuntern. Für positive Menschen ist es erfolgversprechender, wenn sie grundsätzlich positive Menschen anspornen können, die lediglich einen kleinen Schubs brauchen.

SELBSTBEWUSSTSEIN

Selbstbewusstsein und Selbstvertrauen sind eng miteinander verwandte Begriffe. Als selbstbewusster Mensch sind Sie von Ihren Stärken und Fähigkeiten überzeugt. Sie sind sich dessen, was Sie können, voll und ganz bewusst. Sie sind in der Lage, Risiken abzuwägen, Herausforderungen anzunehmen, Ansprüche geltend zu machen und selbstverständlich Leistung zu erbringen. Selbstbewusstsein ist jedoch mehr als bloßes Selbstvertrauen. Dank Ihres Selbstbewusstseins vertrauen Sie nicht nur auf Ihre Fähigkeiten, sondern sind ebenso von Ihrem Urteilsvermögen überzeugt. Sie sind sich dessen bewusst, dass Ihre Sicht der Dinge sich von der anderer abhebt. Niemand sieht die Welt mit Ihren Augen, und folglich kann auch niemand Entscheidungen für Sie treffen oder Ihnen irgendwelche Vorschriften machen. Natürlich sind Sie zugänglich für Hilfe oder Vorschläge von außen. Letztendlich sind Sie jedoch davon überzeugt, dass Sie Ihr Leben selbst in die Hand nehmen müssen, und dass nur Sie allein in der Lage sind, die richtigen Schlussfolgerungen zu ziehen, Entscheidungen zu treffen und entsprechend zu handeln. Die Tatsache, dass Sie für Ihr Leben selbst die Verantwortung tragen, ängstigt Sie in keiner Weise, ganz im Gegenteil, es kommt Ihnen ganz selbstverständlich vor. Unabhängig von der konkreten Situation scheinen Sie immer zu wissen, was gerade zu tun ist. Das mag nicht für jedermann das Richtige sein. Sie sind jedoch davon überzeugt, dass es in der konkreten Situation das Richtige für Sie ist. In den Augen Ihrer Mitmenschen strahlen Sie eine enorme Sicherheit aus. Im Unterschied zu anderen sind Sie durch Gegenargumente, und seien diese auf den ersten Blick noch so überzeugend, nicht so schnell aus dem Gleichgewicht zu bringen. In Abhängigkeit von Ihren übrigen Stärken tritt Ihr Selbstbewusstsein mehr oder weniger offen zutage. In jedem Fall erfüllt es die Funktion eines Rückgrates, das allerlei Druck standhält und Sie Ihren Weg aufrecht weiterverfolgen lässt.

Und so sprechen Menschen mit einem ausgeprägten Talent im Bereich Selbstbewusstsein über sich:

Pam D., Angestellte im Öffentlichen Dienst: »Ich wuchs auf einer einsamen Farm in Idaho auf und ging dort auf eine kleine Dorfschule. Eines Tages kam ich von der Schule nach Hause und erzählte meiner Mutter, dass ich die Schule wechseln würde. Vorher hatte unser Lehrer erklärt, dass unsere Schule zu viele Schüler hätte und dass drei Kinder auf eine andere Schule gehen müssten. Ich dachte darüber einen Moment nach, mir gefiel der Gedanke, neue Kinder kennen zu lernen, und ich beschloss, dass ich die Schule wechseln würde, selbst wenn dies bedeutete, eine halbe Stunde früher aufstehen und länger mit dem Bus fahren zu müssen. Ich war fünf Jahre alt.«

James K., Verkäufer: »Ich zweifle niemals meine eigenen Entscheidungen an. Ob ich ein Geburtstagsgeschenk oder ein Haus kaufe, wenn ich meine Entscheidung treffe, habe ich das Gefühl, keine andere Wahl mehr zu haben. Es gab nur eine Entscheidung zu treffen, und ich traf sie. Ich kann nachts gut schlafen. Mein Gefühl ist endgültig, fest und sehr überzeugend.«

Deborah C., Hospizschwester: »Wenn wir einen Todesfall im Hospiz haben, erwarten die Kollegen von mir, dass ich mit der Familie spreche, weil ich selbstbewusst bin. Erst gestern hatten wir ein Problem mit einem jungen, psychotischen Mädchen, das schrie, dass der Teufel in ihm sei. Die anderen Schwestern hatten Angst, aber ich wusste, was zu tun war. Ich ging hinein und sagte: ›Kate, komm, leg dich hin. Lass uns das Baruch sprechen. Das ist ein jüdisches Gebet. Es lautet so: Baruch Atah Adonai, Eloheinu Melech Haolam.‹ Sie erwiderte: ›Sprich es so langsam, dass ich es dir nachsprechen kann.‹ Ich tat das, und dann sprach sie es langsam nach. Sie war keine Jüdin, aber die Ruhe des Betens überkam sie. Sie legte sich zurück auf ihr Kissen und sagte: ›Danke. Das war alles, was ich brauchte.‹«

Handlungsideen

▶ Suchen Sie nach Start-up-Situationen, die noch keinem festen Regelwerk unterliegen. Sie laufen zu Höchstform auf, wenn in kurzer Zeit viele Entscheidungen von Ihnen erwartet werden.

▶ Finden Sie Positionen, in denen Sie Menschen davon überzeugen müssen, Ihre Sichtweise zu verstehen. Ihr ausgeprägtes Talent im Bereich Selbstbewusstsein (vor allem in Kombination mit einem Talent im Bereich Autorität oder Tatkraft) sind häufig sehr überzeugend. Führungs-, Vertriebs-, Rechtsberater- oder Unternehmerrollen könnten zu Ihnen passen.

▶ Zeigen Sie Ihr Selbstbewusstsein. Es kann ansteckend sein und wird die Menschen um Sie herum in ihrem Wachstum unterstützen.

▶ Manchmal fällt es Ihnen schwer, Ihre Überzeugung oder Ihre Intuition in Worte zu fassen, was dazu führen kann, dass andere Sie für selbstgerecht halten. Erklären Sie ihnen, dass Ihr Selbstbewusstsein nicht bedeutet, dass andere ihre Meinung nicht äußern sollen. Auch wenn es Ihrem Gegenüber nicht so vorkommen mag, möchten Sie dessen Ideen gerne hören. Ihr Selbstbewusstsein bedeutet nicht, dass Sie nicht zuhören.

▶ Durch Ihr Unabhängigkeitsbestreben stehen Sie manchmal allein auf weiter Flur. In solchen Fällen sollten Sie dafür sorgen, dass Sie vorne stehen, oder suchen Sie sich einen Partner, der anderen zu verstehen geben kann, wie sie davon profitieren können, Ihnen zu folgen.

▶ Tun Sie sich mit jemandem zusammen, der ein ausgeprägtes Talent im Bereich Strategie, Behutsamkeit oder Zukunftsorientierung besitzt. Diese Person kann Ihnen helfen, die Ziele zu bewerten, zu denen Sie sich verpflichten. Sie brauchen diese Unterstützung, denn sobald Sie ein Ziel ins Auge gefasst haben, bleiben Sie in der Regel dabei, bis Sie es erreicht haben.

▶ Die Tatsache, dass Sie außerordentlich hart und lang arbeiten, ist eine natürliche Folge der Leidenschaft, die Sie für Ihre Arbeit empfinden. Gehen Sie nicht davon aus, dass andere genauso ticken.

▶ Sie haben die Fähigkeit, entschlossen zu handeln, auch wenn Sie dynamischen Entwicklungen und ablenkenden Reizen ausgesetzt werden. Diese Entschlossenheit verleiht anderen Trost und Sicherheit.

▶ Setzen Sie sich ambitionierte Ziele. Zögern Sie nicht, nach Zielen zu streben, die andere für unnütz und unmöglich halten, doch Ihnen kühn und aufregend vorkommen und – am allerwichtigsten – erreichbar erscheinen, wenn Sie nur einige wenige Heldentaten vollbringen und etwas Glück haben. Ihr ausgeprägtes Talent im Bereich Selbstbewusstsein kann zu Leistungen führen, die Sie sich sonst nicht hätten vorstellen können.

▶ Sie haben kein großes Bedürfnis nach Richtungsweisungen oder Unterstützung von anderen. Dies kann bedeuten, dass Sie besonders effektiv in Situationen arbeiten, die selbstständiges Denken und Handeln verlangen. Erkennen Sie den Wert Ihres Talents, und setzten Sie es bewusst ein, wenn Selbstbewusstsein und Selbstkontrolle ausschlaggebend für den Erfolg sind.

Zusammenarbeit mit anderen Menschen mit einem ausgeprägten Talent im Bereich Selbstbewusstsein

▶ Wenn Sie in einem Team mit selbstbewussten Menschen arbeiten, geben Sie ihnen Spielraum bei der Entscheidungsfindung. Sie werden Händchenhalten weder wollen noch brauchen.

▶ Helfen Sie Menschen mit einem ausgeprägten Talent im Bereich Selbstbewusstsein zu verstehen, dass ihre Entscheidungen und Handlungen tatsächlich Resultate hervorbringen. Menschen mit diesem Talent arbeiten am effektivsten wenn sie wissen, dass sie ihre Welt unter Kontrolle haben. Heben Sie Arbeitspraktiken hervor, die funktionieren.

▶ Das Selbstvertrauen dieser Menschen erweist sich häufig als nützlich. Dennoch zögern Sie nicht, darauf hinzuweisen, wenn sie übertriebene Behauptungen äußern oder erhebliche Fehleinschätzungen abgeben. Sie brauchen klares Feedback, um ihre Instinkte in die richtigen Bahnen lenken zu können.

STRATEGIE

Dank Ihrer strategischen Begabung sind Sie in der Lage, sich durch jedes erdenkliche Dickicht durchzuschlagen und zielsicher den direkten Weg zum Ziel zu finden. Diese Fähigkeit ist nicht erlernbar, es ist vielmehr eine bestimmte Art zu denken und die Welt zu betrachten. Sie können aus Ihrem Blickwinkel dort Muster erkennen, wo für andere nur ein unübersichtliches Durcheinander herrscht. Mit diesen Mustern im Hintergrund spielen Sie die verschiedensten Szenarien durch und prüfen den hypothetischen Eintritt von verschiedenen Ereignissen und die jeweiligen Auswirkungen. Sie nutzen diese Möglichkeit, um über den eigenen Tellerrand hinauszuschauen und eventuelle Hindernisse adäquat einzuschätzen. Sobald deutlich ist, welche Schritte wohin führen, beginnen Sie, sämtliche unbrauchbare Wege auszuschließen. Sie verwerfen diejenigen, die direkt ins Nirgendwo führen, sofort auf Widerstand stoßen oder nur Verwirrung stiften würden. Auf diese Weise fallen alle Möglichkeiten weg, bis zum Schluss nur noch der Weg übrigbleibt, der mit Ihrer Strategie übereinstimmt. Mit Ihrer Strategie im Gepäck marschieren Sie los und machen sich auch schon wieder Gedanken über die vielen sich neu ergebenden Möglichkeiten. Sie sind immer bereit, die falschen auszuschließen und auf diese Weise die eine richtige herauszufinden.

Und so sprechen Menschen mit einem ausgeprägten Talent im Bereich Strategie über sich:

Liam C., Fabrikleiter: »Es scheint, als ob ich immer vor jedem anderen die Konsequenzen erkennen kann. Ich muss den Leuten sagen: ›Macht eure Augen auf, schaut die Straße entlang. Lasst uns darüber sprechen, wo wir im nächsten Jahr sein wollen, damit wir im nächsten Jahr um diese Zeit nicht dieselben Probleme haben.‹ Für mich ist es offenkundig, aber manche Leute sind einfach zu sehr auf die Zahlen dieses Monats fixiert.«

Vivian T., Fernsehproduzentin: »Als Kind liebte ich Logikaufgaben. Aufgaben wie: ›Wenn A B enthält, und B gleich C ist, ist dann A gleich C?‹ Noch heute denke ich mir immer Zusammenhänge aus, sehe, wohin die Dinge führen. Ich denke, das macht mich zu einer großartigen Interviewerin. Ich weiß, dass nichts Zufall ist; jedes Zeichen, jedes Wort, jede Stimmlage hat Bedeutung. Wenn ich also auf diese Hinweise achte und sie in meinem Kopf durchspiele, sehe ich, wohin sie führen, und dann plane ich meine Fragen, um das zu nutzen, was ich in meinem Kopf gesehen habe.«

Simon T., Personalleiter: »Einmal hatten wir Ärger mit der Gewerkschaft, und ich sah eine Gelegenheit, ein sehr gutes Thema, um die Mitglieder herauszufordern. Ich konnte absehen, dass sie in eine Richtung gingen, die ihnen alle möglichen Probleme bringen würde, wenn sie an ihr festhielten. Und siehe da, sie hielten an ihrer Meinung fest, und als sie ankamen, saß ich da und wartete auf sie. Ich glaube, dass ich auf ganz natürliche Weise vorhersagen kann, was jemand anders tut und dann, wenn derjenige reagiert, kann ich sofort antworten, weil ich dagesessen und gesagt habe: ›Okay, wenn Sie das tun, werden wir dies tun. Wenn Sie das tun, dann werden wir jenes machen.‹ Das ist wie beim Kreuzen auf einem Segelschiff. Sie fahren in eine Richtung, dann wenden Sie auf den anderen Schlag, dann wieder zurück, planen und reagieren, planen und reagieren.«

Handlungsideen

▶ Nehmen Sie sich die Zeit, um ein Ziel, das Sie erreichen möchten, zu durchdenken, bis alle damit einhergehenden Muster und Probleme sichtbar werden. Diese Bedenkzeit ist unerlässlich für strategisches Denken.

▶ Sie erkennen die Auswirkungen deutlicher als andere. Nutzen Sie diese Fähigkeit und erstellen Sie einen detaillierten Reaktionsplan. Das Wissen, wo die Reise hingeht, nützt wenig, wenn Sie nicht bereit sind zu handeln, wenn Sie dort ankommen.

▶ Suchen Sie eine Gruppe, die Ihres Erachtens wichtige Arbeit leistet, und bringen Sie Ihr strategisches Denken dort ein. Mit Ihren Ideen können Sie womöglich eine führende Rolle einnehmen.

▶ Ihr strategisches Denken wird verhindern, dass eine leuchtende Vision zum Wunschtraum verkommt. Erwägen Sie alle möglichen Wege, um diese Vision Wahrheit werden zu lassen. Mit weiser Vorplanung lassen sich Hindernisse umschiffen, bevor sie auftauchen.

▶ Stellen Sie sich als Berater für diejenigen zur Verfügung, die mit einem gewissen Problem nicht weiterwissen oder durch eine gewisse Barriere oder ein Hindernis blockiert sind. Da Sie einen Ausweg sehen können, wo andere davon überzeugt sind, dass es keinen gibt, können Sie sie zum Erfolg führen.

▶ Womöglich erkennen Sie potenzielle Probleme frühzeitig, wo andere sich damit schwertun. Auch wenn manche Ihr Gespür für drohende Gefahr als eine Form von Pessimismus wahrnehmen mögen, müssen Sie Ihre Erkenntnisse mitteilen, wenn Sie diese Fallstricke vermeiden möchten. Damit Ihre Beweggründe nicht missverstanden werden, erklären Sie nicht nur das drohende Hindernis, sondern auch Möglichkeiten, es zu verhindern oder zu umgehen. Trauen Sie Ihren Vorahnungen und Einschätzungen und nutzen Sie sie, um den Erfolg Ihrer Anstrengungen sicherzustellen.

▶ Helfen Sie anderen zu verstehen, dass Ihr strategisches Denken keinen Versuch darstellt, ihre Ideen herabzusetzen, sondern eine natürliche Fähigkeit darstellt, einen Plan objektiv von allen Seiten zu betrachten. Sie sind kein Neinsager, Sie suchen nach Mitteln und Wegen, um das Ziel um jeden Preis zu erreichen. Ihr Talent wird Sie dazu befähigen, die Sichtweise anderer zu erwägen und gleichzeitig das Ziel immer im Auge zu behalten.

▶ Trauen Sie Ihren intuitiven Einschätzungen so oft wie möglich. Auch wenn Sie nicht immer in der Lage sind, sie rational zu erklären, werden Ihre Intuitionen vom Gehirn geschaffen, das instinktiv voraussehen und projizieren kann. Trauen Sie diesen Wahrnehmungen.

▶ Tun Sie sich mit einem Menschen mit einem ausgeprägten Talent im Bereich Tatkraft zusammen. Mit dem Tatendrang dieser Person und Ihrem Drang nach Vorwegnahme können Sie eine mächtige Partnerschaft schmieden.

▶ Engagieren Sie sich an der Spitze von neuen Initiativen oder Unternehmungen. Ihre innovative und dennoch prozesshafte Vorgehensweise wird sich für das Gelingen der Unternehmung als unerlässlich erweisen, da sie die Begründer davon abhalten wird, einen gefährlichen Tunnelblick zu entwickeln.

Zusammenarbeit mit Menschen mit einem ausgeprägten Talent im Bereich Strategie

▶ Ziehen Sie strategische Menschen in Planungsrunden ein. Fragen Sie sie: »Wenn dies passiert, was können wir erwarten? Wenn jenes passiert, was können wir erwarten?«

▶ Geben Sie diesen Menschen immer ausreichend Zeit, eine Situation zu durchdenken, bevor Sie sie bitten, sich zu äußern. Sie werden wahrscheinlich ihre Meinung nicht äußern, bevor sie einige Szenarien im Kopf durchgespielt haben.

▶ Wenn Sie von Strategien hören oder lesen, die in Ihrem Bereich gelungen sind, teilen Sie strategischen Menschen diese mit. Dieser Austausch wird ihr Denken anregen.

TATKRAFT

»Wann können wir loslegen?« Diese Frage zieht sich wie ein roter Faden durch Ihr Leben. Natürlich werden Sie kaum bestreiten, dass auch analytische Schritte ihr Gutes haben und Diskussionen bisweilen nützliche Ergebnisse zutage fördern. Im Grunde sind Sie jedoch jederzeit bereit, anzupacken, denn Sie sind zutiefst davon überzeugt, dass eigentlich nur konkrete Schritte wirklich zählen. Nur durch Handeln geschieht etwas, und nur durch Handeln wird Leistung erreicht. Sobald eine Entscheidung getroffen wurde, können Sie nicht anders, Sie machen sich sogleich energisch ans Werk. Dabei lassen Sie sich nicht aufhalten, auch wenn andere der Meinung sind, dass zunächst einmal noch bestimmte Fragen geklärt werden sollten. Sie orientieren sich gerne an konkreten Möglichkeiten und haben bereits die halbe Wegstrecke hinter sich gebracht, während die anderen noch in der Startposition verharren und darauf warten, dass alle Ampeln gleichzeitig grün werden. Denken und Handeln stellen für Sie keine Gegensätze dar, ganz im Gegenteil. Ihre Tatkraft schafft Ihrer Meinung nach die besten Voraussetzungen für einen stetigen Lernprozess: Sie treffen eine Entscheidung, setzen diese in die Realität um, betrachten das Ergebnis und ziehen daraus Ihre Schlussfolgerungen. Und schon haben Sie wieder etwas dazugelernt, denn diese Informationen bilden die Grundlage für Ihre künftige Vorgehensweise. Entwicklung kann Ihrer Meinung nach nicht durch angestrengtes Nachdenken, sondern nur durch entschiedenen Einsatz erreicht werden. Deswegen krempeln Sie sich schnell die Ärmel hoch und machen sich auch schon an die Arbeit. Ihre Tatkraft ist in Ihren Augen eine unerschöpfliche Quelle, dank derer Sie sich Ihre geistige Beweglichkeit erhalten. Sie sind davon überzeugt, dass Sie nicht aufgrund von wohlklingenden Theorien, sondern aufgrund der von Ihnen erzielten Ergebnisse beurteilt werden. Und diese Vorstellung ängstigt Sie nicht, sondern lässt Sie erst so richtig zur Höchstform auflaufen.

Und so sprechen Menschen mit einem ausgeprägten Talent im Bereich Tatkraft über sich:

Jane C., Benediktinernonne: »Als ich in den 70er-Jahren Priorin war, traf uns die Energiekrise, und die Kosten stiegen explosionsartig an. Wir hatten 140 Morgen Land, und ich ging jeden Tag am Acker entlang und grübelte, wie wir mit dieser Energiekrise fertig werden könnten. Plötzlich kam ich auf die Idee, dass wir bei so viel Land einfach selbst nach Erdgas bohren sollten, und das taten wir. Wir gaben 100 000 Dollar aus, um nach einer Gasquelle zu bohren. Wenn Sie niemals nach Gas gebohrt haben, werden Sie wahrscheinlich nicht wissen, was auch ich damals nicht wusste: nämlich, dass Sie 70 000 Dollar ausgeben müssen, einfach nur um zu sehen, ob Sie überhaupt Gas unter Ihrem Grundstück haben. Also bohrte man mit einer Art Vibratorkamera hinunter, und erzählte mir, dass ich ein Gasvorkommen hätte. Aber sie wussten nicht, wie groß es war, und sie wussten nicht, ob es genug Druck hätte, um es hinaufzubefördern. ›Wenn Sie noch einmal 30 000 Dollar zahlen, werden wir versuchen, das Gas anzustechen,‹ sagten sie, ›wenn Sie das nicht wollen, werden wir das Bohrloch abdecken, Ihre 70 000 Dollar nehmen und nach Hause fahren.‹ Also gab ich ihnen die letzten 30 000 Dollar, und zum Glück kam das Gas. Das war vor 20 Jahren, und es wird noch immer gefördert.«

Jim L., Unternehmer: »Manche Leute sehen meine Ungeduld so, als ob ich nicht auf die Fallen, die potenziellen Stolpersteine achten wollen würde. Was ich immer wieder sage, ist Folgendes: ›Ich möchte wissen, wann ich an die Wand knalle, und ich brauche Sie, um mir zu sagen, wie weh das tut. Aber wenn ich mich dafür entscheide, gegen die Wand zu springen, dann machen Sie sich keine Sorgen, Sie haben Ihre Aufgabe erfüllt. Ich muss die Erfahrung einfach selbst machen.‹«

Handlungsideen

▶ Suchen Sie sich eine Arbeit aus, bei der Sie Ihre eigenen Entscheidungen treffen und umsetzen können. Insbesondere sollten Sie Ausschau nach Start-up- oder Turn-around-Gelegenheiten halten.

▶ Stellen Sie bei der Arbeit sicher, dass Ihr Vorgesetzter Sie nach messbaren Ergebnissen beurteilt und nicht nach Ihrem Prozess Ihr Prozess ist nicht immer so schön anzusehen wie Ihre Ergebnisse.

▶ Sie schaffen es, innovative Ideen in sofortiges Handeln umzuwandeln. Suchen Sie sich kreative und originelle Denker, und helfen Sie ihnen, ihre Ideen vom theoretischen Konzept in die konkrete Praxis zu übertragen.

▶ Suchen Sie Arbeitsgruppen, die in Diskussionen feststecken oder durch Hindernisse blockiert werden. Beenden Sie den Stillstand, indem Sie Vorschläge machen, um das Vorhaben in Bewegung zu bringen und andere zum Handeln anzuspornen.

▶ Sie lernen mehr aus gelebten Erfahrungen als aus theoretischen Diskussionen. Damit Sie wachsen können, setzen Sie sich herausfordernden Erfahrungen aus, die Ihre Talente, Kompetenzen und Kenntnisse auf die Probe stellen.

Tatkraft

► Denken Sie daran, dass Ihre sehr ausgeprägte Beharrlichkeit manche Menschen einschüchtern könnte. Ihr ausgeprägtes Talent im Bereich Tatkraft können Sie am erfolgreichsten einsetzen, wenn Sie vorher das Vertrauen und die Loyalität anderer gewonnen haben.

► Ermitteln Sie die einflussreichsten Entscheider in Ihrer Organisation. Machen Sie es sich zur Gewohnheit, mit jedem dieser Menschen mindestens einmal im Quartal zu Mittag zu essen, um ihnen Ihre Ideen mitzuteilen. Sie können Sie in Ihrer Tatkraft unterstützen und Ihnen wichtige Ressourcen zur Verfügung stellen, um Ihre Ideen zu verwirklichen.

► Es fällt Ihnen leicht, die Pläne und Ideen anderer zu mobilisieren. Schließen Sie sich mit fokussierten, zukunftsorientierten, strategischen oder analytischen Menschen zusammen, die Ihre Tatkraft mit ihrer Lenkungs- und Planungsfähigkeit ergänzen, um die Möglichkeit der Konsensbildung zu schaffen und andere für eine Plan zu begeistern. So nutzen und vervollkommnen Sie einander.

► Begründen Sie, warum Ihren Bitten zum Tätigwerden nachgekommen werden muss. Anderenfalls könnten andere Sie als ungeduldigen Menschen mit der Neigung zu vorschnellen Entschlüssen abtun.

► Sie haben die Fähigkeit, andere in Bewegung und Schwung zu versetzen. Gehen Sie strategisch und weise im Gebrauch Ihrer Tatkraft vor. Wann sollen Sie, wo sollen Sie und mit wem sollen Sie am besten Ihren wertvollen Einfluss geltend machen?

Zusammenarbeit mit anderen Menschen mit einem ausgeprägten Talent im Bereich Tatkraft

▶ Sagen Sie tatkräftigen Menschen, dass Sie die Fähigkeit haben, Dinge zu verwirklichen, und dass Sie sie zu wichtigen Zeitpunkten vielleicht um Hilfe bitten werden. Ihre Erwartungen werden ihnen Energie verleihen.

▶ Wenn tatkräftige Menschen sich beschweren, hören Sie genau zu – vielleicht können Sie daraus lernen. Dann ziehen Sie sie auf Ihre Seite, indem Sie über neue Initiativen sprechen, die sie einführen können, oder Verbesserungen, die sie machen können. Tun Sie das sofort, denn Menschen mit einem ausgeprägten Talent im Bereich Tatkraft können schnell negative Stimmung verbreiten, wenn sie ungebremst aus der Spur kommen.

▶ Fragen Sie tatkräftige Menschen, welche neuen Ziele oder Verbesserungen Ihr Team erreichen oder einführen müsste. Anschließend lassen Sie sie überlegen, welche Maßnahmen sie ergreifen können, um die ersten Fortschritte in Richtung dieser Ziele zu erreichen.

ÜBERZEUGUNG

Menschen wie Sie, die sich an ihrer inneren Überzeugung orientieren, verfügen in der Regel über eine stabile Werteskala, die zwar von Mensch zu Mensch unterschiedlich ausgeprägt sein kann, in der jedoch Werte wie Familienorientierung, eine gewisse Uneigennützigkeit sowie intellektuelle Interessen ihren festen Platz haben. Sie legen Wert auf Verantwortungsbewusstsein und Moral, und zwar sowohl im Hinblick auf Ihre eigene Person als auch auf andere. Diese Grundwerte bilden die Basis für Ihr Handeln und verleihen Ihrem Leben Sinn und Zweck, denn in Ihren Augen ist Erfolg mehr als einfach nur Geld und Prestige. Diese Grundwerte dienen Ihnen auch als Wegweiser, die Ihnen angesichts von Versuchungen und Zerstreuungen ermöglichen, Ihre Prioritäten nicht aus dem Blick zu verlieren. Ihre Beziehungen zu anderen Menschen sind von Dauerhaftigkeit geprägt. Ihre Freunde vertrauen Ihnen vorbehaltlos, weil sie wissen, wo Sie stehen. Selbstverständlich streben Sie eine Tätigkeit an, die mit Ihrer inneren Überzeugung in Einklang steht. Sie verlangen von Ihrer Arbeit, dass sie sinnvoll ist. Und sinnvoll sind für Sie nur Tätigkeiten, die sich mit Ihrem Wertesystem im Einklang befinden.

Und so sprechen Menschen mit einem ausgeprägten Talent im Bereich Überzeugung über sich:

Michael K., Verkäufer: »Den größten Teil meiner Freizeit widme ich meiner Familie und den Aktivitäten in der Gemeinde. Ich war in der Landesvertretung der Pfadfinder. Und als ich selbst Pfadfinder war, war ich Sippenführer. Als älterer Pfadfinder war ich stellvertretender Stammesführer. Ich liebe es einfach, mit Kindern zusammen zu sein. Ich glaube, darin liegt die Zukunft. Und ich denke, es gibt kaum etwas Besseres, was man mit seiner Zeit machen kann, als sie in die Zukunft zu investieren.«

Lara M., College-Präsidentin: »Meine Werte lassen mich jeden Tag so hart arbeiten. Ich stecke Stunden um Stunden in diese Arbeit, und es ist mir ganz egal, wie gut oder schlecht ich dafür bezahlt werde. Ich habe gerade herausgefunden, dass ich die College-Präsidentin mit dem niedrigsten Einkommen in meinem Staat bin, und es kümmert mich nicht einmal. Ich meine, ich mache diesen Job nicht des Geldes wegen.«

Tracy D., Führungskraft bei einer Fluggesellschaft: »Wenn Sie etwas tun, das Sie nicht für so wichtig halten, warum fangen Sie überhaupt damit an? Jeden Tag aufzustehen, und dafür zu sorgen, dass das Fliegen sicherer wird, das scheint mir wichtig, sinnvoll. Ich weiß nicht, ob ich alle Herausforderungen und Frustrationen, die ich erlebe, durchstehen würde, wenn ich in meiner Arbeit nicht diesen Sinn sehen würde.«

Handlungsideen

▶ Verschaffen Sie sich Klarheit über Ihre Werte, indem Sie über einen Ihrer besten Tage nachdenken. Wie haben Ihre Werte auf die Zufriedenheit eingewirkt, die Sie an jenem Tag empfunden haben? Wie können Sie Ihr Leben organisieren, um diesen Tag so oft wie möglich zu wiederholen?

► Suchen Sie aktiv nach Positionen, die Ihren Werten entsprechen. Insbesondere sollten Sie darüber nachdenken, Organisationen beizutreten, die ihren Zweck über ihren gesellschaftlichen Beitrag definieren.

► Sinn und Zweck Ihrer Arbeit sind häufig richtungsweisend für andere. Erinnern Sie Menschen daran, warum ihre Arbeit wichtig ist und wie sie in ihren Leben und in den Leben anderer etwas verändern kann.

► Ihr Talent im Bereich Überzeugung ermöglicht es Ihnen, die Herzen anderer Menschen zu erreichen. Erarbeiten Sie eine »Erklärung« Ihrer Überzeugungen und kommunizieren Sie diese Ihrer Familie, Ihren Bekannten und Ihren Kollegen. Ihr dringlicher Appell kann ihnen ein motivierendes Gefühl geben, einen Beitrag für eine gute Sache zu leisten.

► Stellen Sie eine Brief- und/oder Bildersammlung jener Menschen zusammen, deren Leben Sie maßgeblich beeinflusst haben. Wenn Sie sich niedergeschlagen oder überfordert fühlen, schauen Sie sich diese Sammlung an, um sich Ihre Werte wieder zu vergegenwärtigen. Sie wird Sie sicherlich anspornen und Ihre Verpflichtung, anderen zu helfen, wieder aufleben lassen.

► Planen Sie genug Zeit ein, um die Anforderungen Ihrer Arbeit und Ihr Privatlebens besser vereinbaren können. Ihre Hingabe an Ihre Karriere sollte nicht zulasten Ihrer ebenso hingebungsvollen Beziehung zu Ihrer Familie ausfallen.

► Trauen Sie sich, Ihre Werte zu artikulieren. So helfen Sie anderen zu verstehen, wer Sie sind und wie mit Ihnen umzugehen ist.

- ▶ Pflegen Sie aktiv Freundschaften mit Menschen, die Ihre Werte teilen. Denken Sie an Ihre beste Freundin oder Ihren besten Freund: Teilen Sie das gleiche Wertesystem?

- ▶ Tun Sie sich mit jemandem zusammen, der ein ausgeprägtes Talent im Bereich Zukunftsorientierung hat. Diese Person kann Sie anspornen, weil sie ein anschauliches Bild von der Richtung geben kann, in die Ihre Werte führen sollen.

- ▶ Akzeptieren Sie, dass die Werte anderer von Ihren abweichen können. Bringen Sie Ihre Werte zum Ausdruck, ohne andere zu verurteilen.

Zusammenarbeit mit anderen Menschen mit einem ausgeprägten Talent im Bereich Überzeugung

- ▶ Menschen mit einem ausgeprägten Talent im Bereich Überzeugung haben häufig eine sehr leidenschaftliche Einstellung zu den Themen, die ihnen am meisten am Herzen liegen. Entdecken Sie diese Leidenschaft, und helfen Sie ihnen, sie mit ihrer Arbeit zu verbinden.

- ▶ Wenn Sie mit diesen Menschen arbeiten, erkundigen Sie sich über ihre Familie und ihr Umfeld. Sie fühlen sich gegenüber den Menschen, die ihnen wichtig sind, verpflichtet. Wenn Sie diese Verpflichtungen würdigen, dann wird ihnen das hoch angerechnet.

- ▶ Sie müssen nicht das gleiche Wertesystem wie Menschen mit einem ausgeprägten Talent im Bereich Überzeugung haben, aber Sie müssen es verstehen, respektieren und anwenden. Anderenfalls ist es nur eine Frage der Zeit, bis ernsthafte Konflikte entstehen.

VERANTWORTUNGSGEFÜHL

Sie halten Ihr Wort, und wo Sie Verpflichtungen eingegangen sind, fühlen Sie sich auch verantwortlich. Sie leben in der Gewissheit, dass hiervon Ihr guter Ruf abhängt. Sind Sie einmal nicht in der Lage, Ihren Verpflichtungen nachzukommen, sorgen Sie möglichst schnell für einen Ausgleich. Von Ausflüchten, Entschuldigungen und faulen Ausreden halten Sie gar nichts. Sie finden erst dann wieder Ruhe, wenn Sie Ihr Versäumnis wettgemacht haben. Ihr Verantwortungsgefühl, Ihre schiere Besessenheit, alles richtig zu machen sowie Ihre strengen ethischen Maßstäbe begründen die Wertschätzung, die Ihre Mitmenschen Ihnen entgegenbringen. Auf Sie kann man sich hundertprozentig verlassen. Sind neue Aufträge zu verteilen, werden Sie immer zuerst bedacht, weil dann sichergestellt ist, dass die Aufgabe auch erledigt wird. Natürlich werden Sie auch oft um Hilfe gebeten. Hier sollten Sie jedoch Vorsicht walten lassen, weil Ihre Hilfsbereitschaft sonst schnell dazu führen könnte, dass Sie sich mehr Verpflichtungen aufladen, als Sie bewältigen können.

Und so sprechen Menschen mit einem ausgeprägten Talent im Bereich Verantwortungsgefühl über sich:

Kelly G., Betriebsleiterin: »Der Niederlassungsleiter in Schweden rief mich im November an und sagte: ›Kelly, würden Sie bitte meine Bestellung nicht vor dem 1. Januar ausliefern.‹ Ich erwiderte: ›Sicher, klingt wie ein vernünftiger Plan.‹ Ich sagte es meinen Leuten und dachte, dass ich alles berücksichtigt hatte. Als ich jedoch Dezember auf einer Skipiste meine Handy-Nachrichten prü sicher zu sein, dass alles in Butter war, sah ich, dass sein Auftrag versandt und die Rechnung gestellt worden war. Ich musste ihn sofort anrufen und erzählen, was geschehen war. Er ist ein freundlicher Mann, also gebrauchte er keine Schimpfworte, aber er war sehr verärgert und sehr enttäuscht. Ich fühlte mich fürchterlich. Eine Entschuldigung reichte nicht. Ich musste es in Ordnung bringen. Ich rief aus dem Chalet unseren Controller an, und am Nachmittag fanden wir einen Weg, den Wert seiner Bestellung wieder in unsere Bücher zurückzubuchen und sein Konto zu bereinigen. Es dauerte fast das ganze Wochenende, aber es war das, was meiner Meinung nach in einer solchen Situation getan werden musste.«

Nigel T., Verkaufsleiter: »Ich habe früher immer geglaubt, ich hätte ein Stück Metall in der Hand und einen Magneten an der Decke. Ich wollte einfach alles freiwillig tun. Ich musste lernen, das in den Griff zu bekommen, damit ich mir nicht nur zu viel aufhalste und auch immer glaubte, dass alles mein Fehler sei. Ich erkenne heute, dass ich nicht für alles in der Welt verantwortlich sein kann, das ist Gottes Aufgabe.«

Harry B., Outplacement-Berater: »Ich war als junger Mann gerade Zweigstellenleiter in einer Bank geworden, als der Präsident der Gesellschaft beschloss, eine Immobilie zwangsversteigern zu lassen. Ich sagte: ›Das ist in Ordnung, aber wir stehen in der Verantwortung, den Leuten den vollen Wert ihres Eigentums auszuzahlen.‹ Er sah das anders. Er wollte die Immobilie an einen seiner Freunde für die Restschuld verkaufen und sagte, mein Problem sei, dass ich meine Geschäftsethik nicht von meiner persönlichen Ethik trennen könne. Ich sagte ihm, dass er Recht hatte. Ich konnte es nicht, weil ich nicht glaubte, und immer noch nicht glaube, dass man zwei Normen haben kann. Also verließ ich die Firma und arbeitete wieder für 5 Dollar pro Stunde bei der Forstverwaltung und sammelte Müll. Da meine Frau und ich versuchten, unsere beiden Kinder zu ernähren und über die Runden zu kommen, war das damals eine schwere Entscheidung für mich. Aber im Rückblick war es auf einer anderen Ebene überhaupt nicht schwer. Ich konnte einfach nicht in einem Unternehmen mit einer derartigen Ethik arbeiten.«

Handlungsideen

▶ Betonen Sie Ihr Verantwortungsgefühl bei der Arbeitssuche. Beschreiben Sie im Vorstellungsgespräch Ihren Wunsch, die volle Verantwortung für den Erfolg oder das Scheitern eines Projekts zu übernehmen, Ihre starke Abneigung gegenüber unerledigter Arbeit und Ihren Drang, die Situation zu »richten«, wenn eine Verpflichtung nicht eingehalten werden konnte.

▶ Melden Sie sich immer freiwillig, um mehr Verantwortung zu übernehmen, als Ihre Erfahrung womöglich rechtfertigen würde. Sie wachsen dort über sich hinaus, wo Sie Verantwortung übernehmen können.

▶ Tun Sie sich mit anderen zusammen, die Ihr Verantwortungsgefühl teilen. Sie werden weiter aufblühen, wenn Sie mit Menschen zusammenarbeiten, die Ihre Entschlossenheit teilen, Aufgaben zu erledigen.

▶ Teilen Sie Ihrem Vorgesetzten mit, dass Sie zu Höchstform auflaufen, wenn man Ihnen genug Freiraum lässt, Ihren Verpflichtungen nachzukommen – dass Sie keine Zwischenstände während eines Projekts liefern müssen, sondern nur Bescheid geben, wenn es abgeschlossen ist. Man kann sich auf Sie verlassen, dass Sie Ihre Aufgabe erledigen.

▶ Zwingen Sie sich dazu, nein zu sagen. Da Sie instinktiv Verantwortung übernehmen, fällt es Ihnen womöglich manchmal schwer, eine Gelegenheit auszuschlagen. Aus diesem Grund müssen Sie wählerisch sein. Bitten Sie um zusätzliche Verantwortung lediglich in den Bereichen, die Ihnen am Herzen liegen.

▶ Sie fühlen sich automatisch zuständig für alle Projekte, an denen Sie beteiligt sind. Stellen Sie sicher, dass Ihre Fähigkeit, sich zuständig zu fühlen, Sie nicht davon abhält, Verantwortung zu teilen. Bieten Sie anderen die Gelegenheit, die Herausforderungen kennen zu lernen, die Zuständigkeit mit sich bringt. Dabei tragen Sie zum Wachstum und der Entwicklung anderer bei.

▶ Lernen Sie, Ihr Talent im Bereich Verantwortungsgefühl zu steuern, indem Sie sich fragen, ob Sie wirklich die richtige Person sind, um eine bestimmte Aufgabe zu bewältigen. Sie sollten stets Ihre bestehenden Verantwortlichkeiten und Ziele im Blick haben, ehe Sie sich zusätzliche Aufgaben aufbürden. Anderenfalls laufen Sie Gefahr, dass die Qualität zu kurz kommt, wenn Sie zu viele Aufgaben oder konkurrierende Anforderungen bewältigen müssen.

▶ Tun Sie sich mit jemandem zusammen, der ein ausgeprägtes Talent in den Bereichen Disziplin oder Fokus besitzt. Diese Person kann Ihnen helfen, sich nicht ablenken zu lassen und sich vor Überlastung zu schützen.

▶ Die Zusammenarbeit mit einem gleichgesinnten, verantwortungsvollen Kollegen motiviert Sie. Stellen Sie sicher, dass Sie Erwartungshaltungen und Grenzen klären, damit jede Person sich für ihre Aufgaben verantwortlich fühlen kann – ohne der anderen auf die Füße zu treten.

▶ Menschen mit einem ausgeprägten Talent im Bereich Verantwortungsgefühl haben gerne die Gewissheit, dass sie ihre Verpflichtungen erfüllt haben. Legen Sie Messlatten und Ziele fest, damit Sie beurteilen können, wie effektiv Sie Ihren Verantwortlichkeiten nachkommen. Sorgen Sie auch dafür, dass Sie ausdrückliche und konkrete Erwartungen in Bezug auf Qualität und Leistungen haben, damit diese nicht in Frage gestellt werden und Sie das versprochene Ziel erreichen können.

Zusammenarbeit mit anderen Menschen mit einem ausgeprägten Talent im Bereich Verantwortungsgefühl

▶ Menschen mit einem ausgeprägten Talent im Bereich Verantwortungsgefühl definieren sich darüber, wie gut sie Ihren Verpflichtungen nachkommen. Die Zusammenarbeit mit Menschen, die nicht ähnlich denken, wird sie in höchstem Maße frustrieren.

▶ Diese Menschen opfern ungern Qualität zugunsten eines schnellen Ergebnisses. Hetzen Sie sie nicht. Wenn Sie mit ihnen ihre Arbeit diskutieren, sprechen Sie die Qualität zuerst an.

▶ Helfen Sie Menschen mit einem ausgeprägten Talent im Bereich Verantwortungsgefühl dabei, sich nicht zu viel aufzuhalsen, insbesondere dann, wenn ihnen ein Talent im Bereich Disziplin fehlt. Zeigen Sie ihnen, dass eine weitere Belastung dazu führen könnte, dass sie Aufgaben vermasseln – was für sie eine schreckliche Vorstellung wäre.

VERBUNDENHEIT

Sie sind davon überzeugt, dass es für alles, was geschieht, einen Grund gibt. Sie glauben daran, dass alle Menschen miteinander verbunden sind. Einerseits besteht die Menschheit zwar aus einzelnen Individuen, die über einen freien Willen verfügen und für ihre Entscheidungen die Verantwortung tragen. Darüber hinaus sind jedoch alle Menschen ein Teil von etwas Größerem, für das die verschiedensten Bezeichnungen existieren. Für die einen ist es das kollektive Unbewusste, für andere der Weltgeist oder der Ursprung allen Lebens. Sie beziehen ein Gefühl der Geborgenheit aus dem Umstand, dass wir Menschen, die Welt und alles, was geschieht, miteinander in Beziehung stehen. Allerdings ergeben sich hieraus auch bestimmte Verpflichtungen, denn wenn wir alle Teile eines größeren Ganzen sind, müssen wir auch pfleglich mit unserer Umgebung umgehen, weil wir sonst letztendlich uns selber Schaden zufügen. Beuten wir andere aus, führt das dazu, dass wir uns selbst zerstören. Quälen wir andere, werden wir selber leiden. Auf dieser Überzeugung baut Ihr gesamtes Wertesystem auf. Deshalb verhalten Sie sich anderen gegenüber rücksichtsvoll, fürsorglich und sind um Verständnis bemüht. Weil Sie von der Zusammengehörigkeit der gesamten Menschheit überzeugt sind, übernehmen Sie gerne die Rolle des Vermittlers zwischen verschiedenen Kulturen. Sie sind spirituellen Werten gegenüber aufgeschlossen und können anderen vermitteln, dass sich hinter jedem manchmal noch so banalen Leben ein tieferer Sinn verbirgt. Die konkrete Ausformung Ihres tief verwurzelten Glaubens hängt von Ihrem kulturellen Hintergrund ab. Sie selbst und Ihnen nahestehende Personen werden von Ihrem Glauben getragen.

Und so sprechen Menschen mit einem ausgeprägten Talent im Bereich Verbundenheit über sich:

Mandy M., Hausfrau: »Bescheidenheit ist die Essenz der Verbundenheit. Sie müssen wissen, wer Sie sind und wer Sie nicht sind. Ich besitze einen Anteil der Weisheit. Ich besitze nicht viel davon, aber was ich besitze, ist real. Das ist keine Prahlerei. Das ist echte Bescheidenheit. Sie haben Vertrauen in Ihre Gaben, echtes Vertrauen, aber Sie wissen, dass Sie nicht alle Antworten haben. Sie beginnen, sich mit anderen verbunden zu fühlen, weil Sie wissen, dass sie über Weisheit verfügen, die Sie nicht haben. Sie können sich nicht verbunden fühlen, wenn Sie glauben, dass Sie alles haben.«

Rose T., Psychologin: »Manchmal blicke ich morgens auf meine Schale Müsli und denke über die Hunderte von Leuten nach, die daran beteiligt waren, mir diese Flocken auf den Tisch zu bringen: die Bauern auf dem Feld, die Biochemiker, die die Unkrautmittel herstellten, die Arbeiter in der Nahrungsmittelfabrik, und sogar die Verkäufer, die mich irgendwie dazu überredeten, diese Packung zu kaufen und nicht die auf dem Regal daneben. Ich weiß, dass es seltsam klingt, aber ich bedanke mich bei diesen Menschen, und einfach das zu tun, gibt mir das Gefühl, stärker am Leben beteiligt, enger mit den Dingen verbunden, weniger allein zu sein.«

Chuck M., Lehrer: »Im Leben neige ich zur Schwarzweißmalerei, aber wenn es darum geht, die Mysterien des Lebens zu verstehen, bin ich aus irgendeinem Grund viel offener. Ich habe großes Interesse daran, etwas über verschiedene Religionen zu erfahren. Ich lese gerade jetzt ein Buch, das von dem Verhältnis des Judentums gegenüber dem Christentum und gegenüber der Religion der Kanaaniter handelt. Buddhismus, griechische Mythologie, es interessiert mich wirklich, wie sie alle in irgendeiner Weise miteinander verbunden sind.«

Handlungsideen

▶ Übernehmen Sie Funktionen, in denen Sie zuhören und Rat erteilen können. Sie sind geschickt darin, anderen Zusammenhänge in alltäglichen Ereignissen aufzuzeigen.

▶ Suchen Sie nach speziellen Methoden, um Ihr Gefühl für Zusammenhänge weiterzuentwickeln. Gründen Sie einen Buchklub, gehen Sie auf Exerzitien oder treten Sie einer Organisation bei, die Verbundenheit in die Praxis umsetzt.

▶ Innerhalb Ihres Unternehmens können Sie Ihren Kollegen helfen zu verstehen, wie Ihre Bemühungen in den beruflichen Gesamtzusammenhang passen. Sie können dort Verantwortung übernehmen, wo Teams zu bilden sind, und Menschen dabei helfen, sich wichtig zu fühlen.

▶ Ihnen sind die Grenzen innerhalb von Organisationen und Gemeinschaften zwar bewusst, aber Sie behandeln diese, als wären sie nahtlos und fließend. Nutzen Sie Ihr Talent, um Barrieren abzubauen, die das Teilen und den Austausch von Wissen verhindern.

▶ Helfen Sie Menschen, die Verbindungen zwischen ihren Talenten, ihren Handlungen, ihrer Mission und ihren Erfolgen zu sehen. Sobald Menschen von dem überzeugt sind, was sie tun, und das Gefühl haben, Teil eines größeren Ganzen zu sein, steigt ihre Leistungsbereitschaft.

► Tun Sie sich mit jemandem zusammen mit einem ausgeprägten Talent im Bereich Kommunikationsfähigkeit. Diese Person kann Ihnen helfen, anschauliche Beispiele von Verbundenheit in der realen Welt zu beschreiben.

► Verbringen Sie nicht zu viel Zeit bei dem Versuch, andere davon zu überzeugen, die Welt als verbundenes Netz zu sehen. Seien Sie sich bewusst, dass Ihr Gefühl der Verbundenheit intuitiv ist. Teilen andere Ihre Intuition nicht, wird sie kein rationales Argument überzeugen.

► Ihre Lebensphilosophie bringt Sie dazu, sich über Ihre eigenen Interessen und die Interessen Ihres unmittelbaren Einflussbereichs hinaus zu bewegen. Folglich sehen Sie die weiter reichenden Auswirkungen für Ihre Gemeinschaft und für die Welt. Suchen Sie nach Möglichkeiten, um anderen diese Einsichten zu kommunizieren.

► Suchen Sie nach globalen oder interkulturellen Verantwortungsbereichen, die von Ihrem Verständnis für die Gemeinsamkeiten der Menschheit profitieren können. Helfen Sie gemeinschaftliche Potenziale zu nutzen, indem Sie die Denkweise derer ändern, die eine »wir gegen die anderen«-Mentalität haben.

► Ihr Talent im Bereich Verbundenheit kann Ihnen helfen, hinter die Fassade eines Menschen zu blicken und seine Menschlichkeit zu erkennen. Seien Sie sich dessen insbesondere dann bewusst, wenn Sie mit jemandem arbeiten, der einen anderen Hintergrund als Sie hat. Sie kennen keine Vorurteile und können sich ganz auf seine essenziellen Bedürfnisse konzentrieren.

Zusammenarbeit mit anderen Menschen mit einem ausgeprägten Talent im Bereich Verbundenheit

▶ Menschen mit einem ausgeprägten Talent im Bereich Verbundenheit werden sich wahrscheinlich für soziale Belange einsetzen, die sie heftig verteidigen. Hören Sie ganz genau zu, um zu erfahren, was diese Leidenschaft weckt. Ihre Akzeptanz dieser Anliegen hat Einfluss auf die Intensität der Beziehung, die Sie zu ihnen aufbauen können.

▶ Ermutigen Sie diese Menschen, Brücken zu den verschiedenen Gruppen in Ihrer Organisation zu bauen. Da sie instinktiv über Zusammenhänge nachdenken, können sie verschiedenen Menschen aufzeigen, wie alles aufeinander aufbaut und zusammenspielt.

▶ Wenn auch Sie ein dominantes Talent im Bereich Verbundenheit besitzen, teilen Sie Artikel, Schriftstücke und Erfahrungen mit diesen Menschen. Sie können sich gegenseitig stärken.

VORSTELLUNGSKRAFT

Sie lassen sich von Ideen und Vorstellungen faszinieren. Was ist eine Idee? Eine Idee ist ein Konzept, die beste Erklärung für Ereignisse. Sie freuen sich jedes Mal, wenn Sie unter einer relativ komplexen Oberfläche auf ein simples, aber wirkungsvolles Erklärungsmuster stoßen. Durch Vorstellungen lassen sich Dinge miteinander verknüpfen, und Sie sind ständig auf der Suche nach Verknüpfungen. Sie sind jedes Mal aufs Neue verblüfft, wenn Dinge, die allem Anschein nach nichts miteinander zu tun haben, auf einmal in einem engen Zusammenhang miteinander stehen. Insofern eröffnen Sie mit Ihrer Vorstellungskraft einen ganz neuen Blickwinkel auf scheinbar Vertrautes. Es bereitet Ihnen regelrecht Vergnügen, wenn Sie bekannte Zusammenhänge aus einer ungewöhnlichen Perspektive beleuchten können und auf diese Weise dafür sorgen, dass alle Beteiligten völlig neue Einsichten bekommen. Sie finden diese verschiedenen Betrachtungsweisen deshalb beeindruckend, weil sie Ihnen neuartige Erkenntnisse gewähren und Klarheit schaffen. Oft fördern sie auch Widersprüche und manches Sonderbare zutage. Für Sie ist das ein amüsanter Vorgang, aus dem Sie neue Energie ziehen. Ihre Umgebung findet Sie vielleicht kreativ, originell, gewitzt oder auch clever. Vielleicht sind Sie das alles ja auch, wer weiß? Sie sind jedenfalls davon überzeugt, dass die menschliche Vorstellungskraft eine tolle Sache ist. Und in den meisten Fällen ist das bereits mehr als genug.

Und so sprechen Menschen mit einem ausgeprägten Talent im Bereich Vorstellungskraft über sich:

Mark B., Schriftsteller: »Mein Geist arbeitet, indem er Verbindungen zwischen den Dingen herstellt. Vor kurzem suchte ich im Louvre nach der Mona Lisa. Ich kam um eine Ecke und war geblendet von den Blitzen von 1 000 Kameras, die das winzige Bild aufnahmen. Aus irgendeinem Grund speicherte ich diese visuelle Vorstellung in meinem Kopf ab. Dann bemerkte ich ein Schild mit der Aufschrift ›Keine Fotos mit Blitzlicht‹ und ich speicherte auch das ab. Ich dachte, es sei merkwürdig, weil ich mich daran erinnerte, gelesen zu haben, dass Blitzlicht Bilder schädigen kann. Dann las ich etwa sechs Monate später, dass die Mona Lisa in diesem Jahrhundert mindestens zweimal gestohlen wurde. Und plötzlich hatte ich das Puzzle zusammen. Die einzige Erklärung für all diese Tatsachen war, dass gar nicht die echte Mona Lisa im Louvre ausgestellt ist. Die echte Mona Lisa wurde gestohlen, und das Museum, das fürchtete, wegen seiner Unvorsichtigkeit in die Schlagzeilen zu geraten, hängte eine Fälschung auf. Ich weiß natürlich nicht, ob das wahr ist, aber was wäre es für eine großartige Story.«

Andrea H., Innenarchitektin: »Bei mir muss alles zusammenpassen, oder ich beginne, mich unwohl zu fühlen. Für mich stellt jedes Möbelstück eine Idee dar. Es dient einer eigenen Funktion, sowohl eigenständig wie im Zusammenspiel mit jedem anderen Stück. Die ›Idee‹ jedes einzelnen Stücks ist so stark in meinem Geist, sie muss beachtet werden. Wenn ich in einem Raum sitze, in dem die Stühle in irgendeiner Weise nicht ihre Funktion erfüllen, sei es, dass es die falschen Stühle sind, dass sie falsch herumstehen oder dass sie zu nah am Kaffeetisch stehen, bemerke ich, dass ich mich körperlich unwohl und abgelenkt fühle. Später bekomme ich das nicht aus meinem Kopf. Ich wache dann nachts um drei Uhr auf und gehe im Geiste durch jenes Haus, stelle die Möbel um und streiche die Wände neu. Das habe ich schon gemacht, als ich noch sehr jung war, etwa sieben Jahre alt.«

Handlungsideen

▶ Streben Sie eine Karriere an, wo Sie für Ihre Ideen gewürdigt und bezahlt werden, zum Beispiel Marketing, Werbung, Journalismus, Design oder die Entwicklung von neuen Produkten.

▶ Sie sind wahrscheinlich schnell gelangweilt, führen Sie deshalb immer wieder kleine Änderungen in Ihr Arbeits- oder Privatleben ein. Experimentieren Sie. Spielen Sie Gedankenspiele mit sich selbst. Diese Handlungen werden dazu beitragen, dass Sie motiviert bleiben.

▶ Denken Sie Ihre Gedanken und Ideen zu Ende, bevor Sie sie kommunizieren. Andere können möglicherweise die Verbindungen nicht nachvollziehen und werden eine interessante, aber halbgare Idee vielleicht aus diesem Grund verwerfen.

▶ Nicht alle Ideen, die Ihnen in den Sinn kommen, sind in der Praxis umsetzbar oder brauchbar. Lernen Sie, Ihre Ideen zu überarbeiten, oder suchen Sie sich einen Bekannten oder einen Kollegen Ihres Vertrauens, der Ihre Ideen gegenprüft und mögliche Tücken erkennen kann.

▶ Gehen Sie dem Treibstoff für Ihre Vorstellungskraft auf den Grund: Wann haben Sie Ihre besten Ideen? Wenn Sie mit anderen Menschen sprechen? Wenn Sie lesen? Wenn Sie nur zuhören oder beobachten? Notieren Sie sich die Umstände, in denen Ihre besten Ideen entstehen, und stellen Sie sie nach.

▶ Planen Sie Zeit zum Lesen ein, denn die Ideen und Erfahrungen anderer können Ihr Rohstoff für neue Ideen werden. Planen Sie Zeit zum Nachdenken ein, denn Nachdenken gibt Ihnen neue Energie.

▶ Im Bereich Forschung und Entwicklung sind Sie bestens aufgehoben; Sie verstehen die Denkweise der Visionäre und Träumer. Verbringen Sie Zeit mit anderen Menschen mit einem ausgeprägten Talent im Bereich Vorstellungskraft und nehmen Sie an ihren Brainstormings teil.

▶ Tun Sie sich mit jemandem mit einem ausgeprägten analytischen Talent zusammen. Diese Person wird Sie ausfragen und herausfordern, was Ihren Ideenfindungsprozess stärken wird.

▶ Manchmal werden andere das Interesse an Ihnen verlieren, da Sie Ihrer abstrakten und konzeptuellen Denkweise nicht folgen können. Machen Sie Ihre Ideen anschaulicher, indem Sie Bilder zeichnen, Vergleiche oder Metaphern verwenden oder einfach Ihre Konzepte Schritt für Schritt erläutern.

▶ Nähren Sie Ihr Talent im Bereich Vorstellungskraft durch den Erwerb von Wissen. Studieren Sie Bereiche und Branchen, die sich von Ihren unterscheiden. Nutzen Sie Ideen von außerhalb und verbinden Sie einzelne Ideen, um neue zu entwickeln.

Zusammenarbeit mit anderen Menschen mit einem ausgeprägten Talent im Bereich Vorstellungskraft

▶ Menschen mit einem ausgeprägten Talent im Bereich Vorstellungskraft genießen die Macht der Worte. Begegnet Ihnen eine Wortkombination, die ein Konzept, eine Idee oder ein Muster perfekt einfängt, teilen Sie diese mit ihnen. Das wird ihren Denkprozess anregen.

▶ Menschen mit großer Vorstellungskraft sind besonders erfolgreich als Designer, egal ob sie Vertriebsstrategien, Werbekampagnen, Kundendienstlösungen oder neue Produkte entwerfen. So oft wie möglich sollten Sie sie dabei unterstützen, das meiste aus ihrer Schaffenskraft herauszuholen.

► Versuchen Sie Menschen mit ausgeprägter Vorstellungskraft mit neuen Ideen zu nähren; sie leben davon. Sie haben dann nicht nur mehr Freude an ihrer Arbeit, sondern werden diese neuen Konzepte auch einsetzen, um ihre eigenen neuen Erkenntnisse und Entdeckungen zu entwickeln.

WETTBEWERBSORIENTIERUNG

Kampfgeist hat seinen Ursprung im Vergleich. Wir verfolgen aufmerksam die Leistung anderer und verwenden diese als Messlatte zur Beurteilung unserer eigenen Leistung. Denn es ist ganz klar, dass es letztendlich keine Rolle spielt, wie hart und mit welchen guten Vorsätzen man gearbeitet hat, wenn man zwar das Ziel erreicht hat, dabei aber von anderen mehrmals überrundet wurde. Wie alle kämpferischen Naturen brauchen auch Sie andere Menschen, an denen Sie sich messen können. Aus dem Vergleich erwächst der Wunsch, es mit den anderen aufzunehmen, und weil Sie sich auf diesen Wettkampf einlassen, besteht auch die Möglichkeit, dass Sie als Sieger daraus hervorgehen. Eigentlich gibt es nichts, was Sie lieber tun, als zu siegen. Sie haben nichts gegen alle möglichen Formen der Bewertung, weil sie den Vergleich erst objektiv machen. Genauso wenig haben Sie etwas gegen Ihre Konkurrenten, denn durch den Wettkampf mit ihnen werden Sie erst so richtig stark. An Wettkämpfen gefällt Ihnen, dass sie auf einen Sieg hinauslaufen. Ganz besonders gefallen Ihnen Wettkämpfe, aus denen Sie als Sieger hervorgehen könnten. Sie sind zwar freundlich zu Ihren Konkurrenten und stecken auch Niederlagen mit stoischer Gelassenheit weg. Sie kämpfen jedoch nicht um des Kämpfens willen, sondern Sie kämpfen, weil Sie gewinnen wollen. Mit wachsender Erfahrung werden Sie Wettkämpfen aus dem Weg gehen, bei denen Sie nur verlieren können.

Und so sprechen Menschen mit einem ausgeprägten Talent im Bereich Wettbewerbsorientierung über sich:

Mark L., Verkaufsleiter: »Ich habe mein ganzes Leben lang Sport getrieben und nicht nur einfach zum Spaß. Lassen Sie mich das so sagen: Ich mache gern Sportarten, in denen ich gewinne und nicht solche, in denen ich verliere, denn wenn ich verliere, bin ich nach außen zwar freundlich, innerlich aber rase ich vor Wut.«

Harry D., Führungskraft: »Ich bin kein großartiger Segler, aber ich liebe den America's Cup. Beide Boote sind angeblich genau gleich, und beide Crews bestehen aus Superathleten. Aber es gibt immer einen Gewinner. Eine Mannschaft hat irgendein Ass im Ärmel, das den entscheidenden Ausschlag gibt und es ihr ermöglicht, öfter zu gewinnen als zu verlieren. Und das ist es, wonach ich suche – dieses Geheimnis, diesen winzigen Vorteil.«

Sumner Redstone, Vorstandsvorsitzender der Viacom Corporation (die inzwischen als CBS Corporation firmiert), über seine Bemühungen, das Unternehmen zu erwerben: »Ich habe jeden Moment genossen, da Viacom den Kampf wert war, und der Wettkampf machte mir Spaß. Wenn Sie sich in einen Konkurrenzkampf mit allem zwangsläufig zugehörigen Stress begeben, müssen Sie eine echte Zufriedenheit und Freude am endgültigen Sieg verspüren. Es war tatsächlich ein kleiner Krieg, sich die Kontrolle über Viacom zu erkämpfen. Ich glaube, dass ich daraus gelernt habe, dass es nicht ums Geld geht, sondern um den Siegeswillen.«

Handlungsideen

▶ Wählen Sie ein Arbeitsumfeld, in dem Sie Ihre Erfolge messen können. Möglicherweise können Sie nur im Wettbewerb mit anderen herausfinden, wie gut Sie wirklich sein können.

- ▶ Erstellen Sie eine Liste von Ihren erbrachten Leistungen, die Ihnen täglich zeigen, wo Sie stehen. Auf welche Errungenschaften sollten Sie besonders achten?

- ▶ Finden Sie eine leistungsstarke Person, mit der Sie Ihre eigene Leistung messen können. Gibt es mehr als eine, erstellen Sie eine Liste aller Personen, mit denen Sie gegenwärtig konkurrieren. Woher wollen Sie ohne Bewertungen wissen, ob Sie gewonnen haben?

- ▶ Versuchen Sie, alltägliche Aufgaben in Wettkämpfe umzuwandeln. So erledigen Sie mehr.

- ▶ Wenn Sie gewinnen, nehmen Sie sich die Zeit herauszufinden, warum Sie gewonnen haben. Sie können viel mehr aus einem Sieg als aus einer Niederlage lernen.

- ▶ Erklären Sie anderen, dass eine Wettbewerbsorientierung nicht automatisch bedeutet, andere niederzumachen. Erläutern Sie, dass es Ihnen Genugtuung bereitet, sich guten, starken Konkurrenten zu stellen und zu gewinnen.

- ▶ Entwickeln Sie ein Messsystem, das alle Aspekte Ihrer Leistung überwacht. Selbst wenn Sie nur mit Ihren eigenen früheren Werten konkurrieren, hilft Ihnen dieses Messsystem, allen Aspekten Ihrer Leistung die gebührende Aufmerksamkeit zu schenken.

- ▶ Wenn Sie mit anderen konkurrieren, schaffen Sie Weiterentwicklungsmöglichkeiten, indem Sie sich absichtlich mit einer Person messen, die über einen geringfügig höheren Kenntnisstand verfügt. Ihr Wettkampf drängt Sie dazu, Ihre Fertigkeiten und Kenntnisse zu verfeinern, damit Sie jene der anderen Person übertreffen. Suchen Sie sich ein Vorbild, das Ihnen ein oder zwei Stufen voraus ist und Sie somit zu Leistungssteigerungen drängt.

▶ Nehmen Sie sich Zeit, um Ihre Siege zu feiern. In Ihrer Welt gibt es kein Gewinnen ohne eine Feier.

▶ Entwerfen Sie einige mentale Strategien, die Ihnen helfen, mit einer Niederlage fertigzuwerden. Mit diesen Strategien im Gepäck können Sie viel schneller die nächste Herausforderung in Angriff nehmen.

Zusammenarbeit mit anderen Menschen mit einem ausgeprägten Talent im Bereich Wettbewerbsorientierung

▶ Wenden Sie bei diesen Menschen die Sprache des Wettbewerbs an. Sie begegnen der ganzen Welt mit einer Sieger-Verlierer-Mentalität. Somit ist aus ihrer Perspektive das Erreichen eines Ziels ein Sieg, das Verfehlen eines Ziels eine Niederlage.

▶ Helfen Sie Menschen mit einem ausgeprägten Talent im Bereich Wettbewerbsorientierung Bereiche zu finden, wo sie gewinnen können. Verlieren sie wiederholt, hören sie vielleicht auf mitzuspielen. Bedenken Sie, dass sie nicht aus Spaß in einem Wettbewerb konkurrieren, der ihnen wichtig ist. Sie konkurrieren, um zu gewinnen.

▶ Wenn diese Menschen verlieren, müssen sie eine Zeitlang trauern. Lassen Sie sie trauern. Danach sollten Sie ihnen helfen, rasch eine neue Gelegenheit zum Gewinnen zu finden.

WIEDERHERSTELLUNG

Sie lösen für Ihr Leben gern Probleme. Während bestimmte Menschen angesichts von Dauerpannen zunehmend aus der Fassung geraten, werden Sie bei wachsenden Problemen erst so richtig munter. Mit einem wahren Feuereifer machen Sie sich an die Fehleranalyse, finden heraus, wodurch die Störung verursacht wurde und wie diese beseitigt werden kann. Möglicherweise lösen Sie lieber ganz praktische Probleme, oder Sie beschäftigen sich vorzugsweise mit Problemen auf intellektueller oder persönlicher Ebene. Vielleicht suchen Sie geradezu nach Problemen, mit denen Sie schon häufig konfrontiert waren und mit denen Sie deswegen umso schneller fertig werden. Oder Sie finden es besonders aufregend, wenn Sie komplexen, völlig neuartigen Problemen gegenüberstehen. Hier hängen Ihre Vorlieben von Ihren sonstigen Stärken und Erfahrungen ab. In jedem Fall bringen Sie die Dinge wieder zum Laufen. Es gibt Ihnen ein wunderbares Gefühl, Fehler aufzuspüren, auszumerzen und dafür zu sorgen, dass alles wieder reibungslos funktioniert. Sie sind sich dessen bewusst, dass ohne Ihr Eingreifen der Gegenstand Ihrer Bemühungen, unabhängig davon, ob es sich um eine Maschine, einen Menschen oder ein Unternehmen handelt, womöglich bereits nicht mehr lebensfähig beziehungsweise funktionstüchtig wäre. Glücklicherweise haben Sie das Problem aus der Welt geschafft und die ursprüngliche Funktionsfähigkeit wiederhergestellt. Lebensrettung ist Ihre Spezialität.

Und so sprechen Menschen mit einem ausgeprägten Talent im Bereich Wiederherstellung über sich:

Nigel L., Software-Ingenieur:»Ich habe diese lebhaften Erinnerungen an die Hobelbank meiner Kindheit mit Hämmern und Nägeln und Holz. Ich liebte es, Dinge zu reparieren und Dinge zusammenzubauen und alles in Ordnung zu bringen. Und heute mit den Computerprogrammen ist das genauso. Sie schreiben das Programm, und wenn es nicht richtig läuft, müssen Sie wieder von vorn anfangen und alles neu machen und reparieren, bis es funktioniert.«

Jan K., Internist:»Dieses Talent spielt auf so viele verschiedene Arten in mein Leben hinein. Zum Beispiel war meine erste Liebe die Chirurgie. Ich liebe Notfallsituationen, liebe es, im OP zu sein und ich liebe das Nähen. Ich arbeite einfach gern im OP. Dann wiederum waren einige meiner besten Augenblicke, als ich am Bett eines sterbenden Patienten saß und einfach mit ihm sprach. Es kann einem unglaublich viel geben, zu erleben, wie jemand den Übergang von der Wut zur Akzeptanz des Kummers bewältigt, wie er sich mit Familienmitgliedern versöhnt und in Würde entschläft. Im Umgang mit meinen Kindern spielt dieses Talent jeden Tag eine Rolle. Wenn ich sehe, wie meine dreijährige Tochter zum ersten Mal ihre Strickjacke zuknöpft und sie falsch zuknöpft, fühle ich diesen starken Drang, hinzugehen und die Knöpfe ordentlich zuzumachen. Ich muss dem natürlich widerstehen, weil sie es selbst lernen muss, aber Junge, das ist wirklich schwer.«

Marie T., Fernsehproduzentin:»Ein morgendliches Fernsehprogramm zu produzieren, ist ein grundlegend schwerfälliger Prozess. Wenn ich nicht gern Probleme lösen würde, würde mich dieser Job dazu bringen, die Wand hochzugehen. Jeden Tag geht etwas Schwerwiegendes schief, und ich muss das Problem finden, es lösen und mich dem nächsten zuwenden. Wenn mir das gut gelingt, fühle ich mich wie neu. Wenn ich andererseits nach Hause gehe, und die

Probleme nicht gelöst sind, dann fühle ich das Gegenteil. Ich bin niedergeschlagen.«

Handlungsideen

▶ Suchen Sie sich eine Arbeit, bei der Sie dafür bezahlt werden, Probleme zu lösen, oder bei der Ihr Erfolg von Ihrer Fähigkeit der Wiederherstellung und Aufklärung abhängt. Sie könnten sich in der Medizin, der Beratung, der Computerprogrammierung oder im Kundendienst besonders wohlfühlen.

▶ Scheuen Sie sich nicht, anderen mitzuteilen, dass Sie gerne Probleme lösen. Für Sie ist das selbstverständlich, aber viele schrecken vor Problemen zurück. Sie können helfen.

▶ Gönnen Sie sich eine Auszeit. Ihr Talent zur Wiederherstellung kann dazu führen, dass Sie übermäßig selbstkritisch sind. Versuchen Sie, dies umzulenken, entweder auf Dinge an Ihnen selbst, die Sie angehen könnten, indem Sie zum Beispiel eigene Wissens- oder Fertigkeitsdefizite beheben, oder auf externe, greifbare Probleme.

▶ Lassen Sie andere Leute ihre eigenen Probleme lösen. Sie würden am liebsten hineilen und die Dinge für sie klären, aber wenn Sie das tun, behindern sie womöglich Lernerfahrungen der anderen. Achten Sie darauf, besonders wenn Sie Vorgesetzter, Coach, Lehrer oder Elternteil sind.

▶ Turn-around-Situationen aktivieren Ihre natürliche Stärke. Suchen Sie nach Möglichkeiten, in denen Sie mithilfe eines Rettungsplan ein Projekt, eine Organisation, ein Unternehmen oder ein Team neu beleben können, wo der Fortschritt ins Stocken geraten ist.

▶ Nutzen Sie Ihr ausgeprägtes Talent im Bereich Wiederherstellung nicht nur, um bestehende Probleme zu lösen, sondern auch, um Probleme vorherzusehen und vorzubeugen, bevor sie entstehen. Teilen Sie Ihre Weitsicht und Ihre Lösungen mit anderen, Sie werden sich als wertvoller Partner erweisen.

▶ Studieren Sie den von Ihnen gewählten Bereich ganz genau, und versuchen Sie festzustellen, warum bestimmte Probleme immer wieder auftreten. Dieses Fachwissen wird Ihnen in Zukunft dabei helfen, die Lösung erheblich schneller zu finden.

▶ Denken Sie darüber nach, wie Sie Ihre Fähigkeiten und Kenntnisse verbessern können. Finden Sie Ihre Wissenslücken und die Möglichkeiten, die Sie nutzen können, um diese Lücken zu füllen.

▶ Ständige Verbesserung gehört zu Ihrem Markenzeichen. Suchen Sie nach Gelegenheiten, Ihre Fertigkeiten zu fördern, indem Sie ein anspruchsvolles Arbeitsgebiet wählen oder eine anspruchsvolle Aktivität oder Unternehmung angehen, wo außergewöhnliche Fertigkeiten und/oder Fachwissen erforderlich sind.

▶ Nutzen Sie Ihr ausgeprägtes Talent im Bereich Wiederherstellung, um sich Methoden auszudenken, die Ihre Arbeit »problemfrei« halten. Ermitteln Sie bestehende und potenzielle Probleme und entwerfen Sie Systeme oder Prozesse, um künftige Fehler zu vermeiden.

Zusammenarbeit mit anderen Menschen mit einem ausgeprägten Talent im Bereich Wiederherstellung

▶ Bitten Sie Menschen mit einem ausgeprägten Talent im Bereich Wiederherstellung um ihre Einschätzung, wenn Sie ein Problem innerhalb Ihrer Organisation zu identifizieren haben. Sie werden besonders scharfsinnige Erkenntnisse liefern.

► Muss eine Situation innerhalb Ihrer Organisation sofort verbessert werden, wenden Sie sich an diese Menschen. Sie geraten nicht in Panik, sondern reagieren zielgerichtet und professionell.

► Bieten Sie Ihre Unterstützung an, wenn Menschen mit einem ausgeprägten Talent im Bereich Wiederherstellung mit einem besonders kniffligen Problem zu kämpfen haben. Da sich diese Menschen darüber definieren, jede Situation in den Griff zu bekommen, werden sie es womöglich als persönliche Niederlage empfinden, wenn sie ein Problem nicht lösen können. Helfen Sie ihnen, dieses Gefühl zu überwinden.

BEGIER

Sie lernen leidenschaftlich gerne. Auf welchen Gegenstand sich Ihre Wissbegier konzentriert, ist von Ihren übrigen Interessen und Erfahrungen abhängig. Mehr als für den Lernstoff oder das Lernergebnis interessieren Sie sich jedoch für den Lernprozess als solchen. Sie finden es richtig aufregend, etwas zu lernen. Sie schöpfen Kraft aus dem Prozess, mit dem Sie Unwissenheit in Kompetenz umwandeln. Das beginnt mit dem prickelnden Gefühl, das Sie beim Kontakt mit den ersten Fakten ergreift, danach folgen die ersten Versuche, das Gelernte anzuwenden, hierauf folgt eine Zeit beharrlichen Übens, und als Krönung beherrschen Sie schließlich eine neue Fertigkeit. Dieser gesamte Prozess ist für Sie schlicht unwiderstehlich. Kein Wunder, dass Sie überall, wo es etwas zu lernen gibt, mit großem Engagement bei der Sache sind, egal, ob es sich um Yoga, Klavierunterricht oder ein Aufbaustudium an der Universität handelt. In einer dynamischen Arbeitsumgebung, in der von Ihnen erwartet wird, kurzfristig in ein neues Projekt einzusteigen und sich dafür eine Menge neues Wissen anzueignen, um anschließend flugs das nächste Projekt in Angriff zu nehmen, blühen Sie so richtig auf. Dies bedeutet nicht unbedingt, dass Sie auf einem bestimmten Gebiet zum Profi werden wollen, oder dass Sie nach gesellschaftlicher oder akademischer Anerkennung streben. Der Lernprozess interessiert Sie mehr als das Lernergebnis.

Und so sprechen Menschen mit einem ausgeprägten Talent im Bereich Wissbegier über sich:

Annie M., Leitende Redakteurin:»Ich werde kribbelig, wenn ich nicht irgendetwas lerne. Im vergangenen Jahr hatte ich das Gefühl, dass ich nicht genug lernte, obwohl mir meine Arbeit Spaß machte. Also begann ich Stepptanz zu lernen. Das klingt sonderbar, nicht wahr? Ich weiß, dass ich niemals auftreten werde, aber ich genieße es, mich auf die rhythmische Kunst des Steppens zu konzentrieren, jede Woche etwas besser zu werden und von den Anfängern zu den Fortgeschrittenen aufzusteigen. Das war ein Kick für mich.«

Miles A., Betriebsleiter:»Als ich sieben Jahre alt war, sagten meine Lehrer zu meinen Eltern: ›Miles ist nicht der intelligenteste Junge in unserer Schule, aber er saugt den Lehrstoff auf wie ein Schwamm, und er wird es wahrscheinlich sehr weit bringen, weil er sich selbst fordert und ständig neue Dinge aufnimmt.‹ Gerade jetzt beginne ich mit einem Spanischkursus für Geschäftsreisende. Ich weiß, dass es wahrscheinlich zu ehrgeizig ist, anzunehmen, ich könnte fließend Spanisch lernen und die Sprache vollkommen beherrschen, aber zumindest möchte ich nach Spanien reisen und die Grundlagen kennen.«

Tim S., Coach für Führungskräfte:»Einer meiner Klienten ist so neugierig, dass es ihn verrückt macht, dass er nicht alles tun kann, was er will. Ich bin ganz anders. Ich bin nicht neugierig im weitesten Sinne. Ich gehe lieber bei bestimmten Dingen in die Tiefe, sodass ich sie durchschaue und sie bei meiner Arbeit einsetzen kann. Zum Beispiel wollte vor kurzem einer meiner Klienten, dass ich mit ihm zu einer geschäftlichen Besprechung nach Nizza flog. Ich begann ein wenig über die Region zu lesen, kaufte Bücher, surfte im Internet. Es war sehr interessant, und ich genoss es, etwas Neues zu erfahren, aber ich hätte das alles nicht getan, wenn ich nicht aus beruflichen Gründen dorthin gereist wäre.«

Handlungsideen

▶ Verfeinern Sie Ihren Lernprozess. Wenn Sie zum Beispiel am besten lernen, indem Sie unterrichten, suchen Sie sich Gelegenheiten, um für andere Präsentationen zu halten. Lernen Sie andererseits am besten durch stilles Nachdenken, planen Sie entsprechende Zeiten zum Nachdenken ein.

▶ Entwickeln Sie Methoden, um Ihren Lernfortschritt im Auge zu behalten. Gibt es verschiedene Ebenen oder Niveaus innerhalb einer Fachrichtung oder einer Fähigkeit, halten Sie einen Augenblick inne, um Ihren Fortschritt von einem Level zum nächsten gebührend zu feiern. Gibt es keine derartigen Aufteilungen, setzen Sie sich Ihre eigenen Etappenziele (zum Beispiel, dass Sie fünf Bücher zum Thema lesen oder drei Präsentationen dazu halten).

▶ Seien Sie Impulsgeber für den Wandel. Andere mögen sich von neuen Regeln, neuen Fertigkeiten oder neuen Umständen abschrecken lassen. Ihre Bereitschaft, Neues wie ein Schwamm aufzusaugen, wird ihre Ängste abmildern und sie zum Handeln anspornen. Nehmen Sie diese Verantwortung ernst.

▶ Suchen Sie sich Rollen, die technische Kompetenz in irgendeiner Form verlangen. Sie werden den Prozess der Aneignung und Pflege dieses Fachwissens genießen.

▶ Verlagern Sie Ihre Karriere nach Möglichkeit in einen Fachbereich mit sich stetig wandelnden Technologien oder Bestimmungen. Sie werden die Herausforderung, mit dem Wandel Schritt halten zu müssen, richtig aufregend finden.

▶ Da Sie sich nicht durch neue Informationen bedroht fühlen, laufen Sie vielleicht in einer Beraterrolle (entweder intern oder extern), in der Sie dafür bezahlt werden, sich neuen Situationen zu stellen und sich schnell neue Fachkenntnisse oder Sprachen schnell anzueignen, zu Höchstform auf.

▶ Verschiedene Forschungen unterstützen die These, dass Lernen und Leistung eng zusammenhängen. Haben Menschen die Gelegenheit, zu lernen und zu wachsen, sind sie produktiver und verspüren eine engere Bindung zum Unternehmen. Suchen Sie nach Möglichkeiten, Ihr Lernbedürfnis und das Ihrer Mitmenschen zu messen und herauszufinden, ob dieses ausreichend befriedigt wird. Entwerfen Sie personalisierte Meilensteine im Lernprozess und belohnen Sie Lernerfolge.

▶ Nutzen Sie bei der Arbeit alle Möglichkeiten, die Ihre Lernaktivitäten fördern. Womöglich ist Ihre Organisation bereit, für Ihre Kurse oder Ihre Zertifizierung entweder teilweise oder komplett aufzukommen. Fragen Sie Ihren Vorgesetzten, ob es Stipendien oder andere Bildungsmöglichkeiten im Unternehmen gibt.

▶ Gehen Sie Ihrem Lerneifer nach. Nutzen Sie Bildungsmöglichkeiten für Erwachsene in Ihrer Stadt oder Gemeinde. Machen Sie es sich zur Gewohnheit, sich für mindestens einen akademischen oder Erwachsenenbildungskurs im Jahr anzumelden.

▶ Die Zeit vergeht wie im Flug, und Ihre Aufmerksamkeit erhöht sich, wenn Sie im Studium oder im Lernen versunken sind. Erlauben Sie sich,»im Flow zu bleiben«, indem Sie Lerneinheiten zu jenen Zeiten einplanen, wo Sie nicht durch wichtige Termine gestört werden können.

Wissbegier

183

Zusammenarbeit mit anderen Menschen mit einem ausgeprägten Talent im Bereich Wissbegier

▶ Egal welche Rolle sie ausüben, Menschen mit einem ausgeprägten Talent im Bereich Wissbegier sind darauf erpicht, neue Kenntnisse, Fähigkeiten oder Wissen zu erwerben. Helfen Sie Ihnen, neue Lernmethoden zu finden und sich zu motivieren.

▶ Helfen Sie diesen Menschen dabei, ihre Lernfortschritte zu verfolgen, indem Sie Etappenziele oder Stufen bestimmen, die sie erreicht haben. Feiern Sie diese Leistungen.

▶ Ermutigen Sie Menschen mit einem ausgeprägten Talent im Bereich Wissbegier dazu, Meister oder Fachexperte in einem bestimmten Bereich zu werden. So stillen Sie ihr Bedürfnis nach hoher Kompetenz.

ZUKUNFTSORIENTIERUNG

»Wäre es nicht großartig, wenn …« Fasziniert von der Zukunft, lassen Sie Ihren Blick gerne über Ihren eigenen Horizont hinausschweifen. Sie malen sich bis ins Detail aus, welche aufregenden Möglichkeiten die Zukunft für Sie bereithält. Es kann sich hier, in Abhängigkeit von Ihren Stärken und Interessen, um die verschiedensten Dinge handeln, um ein optimiertes Produkt, ein reibungslos funktionierendes Arbeitsteam, ein besseres Leben oder eine bessere Welt, allein die Vorstellung wirkt in hohem Maße inspirierend auf Sie, und lässt Sie Ihrem Ideal entgegeneilen. Sie machen sich konkrete Vorstellungen davon, was Sie in der Zukunft erwartet und lassen sich Ihre Visionen nicht so leicht nehmen. Immer, wenn Ihnen die Gegenwart niederdrückend erscheint und Ihre Mitmenschen außer bloßem Pragmatismus nichts im Sinn haben, ziehen Sie sich zu Ihren Zukunftsvisionen zurück und schöpfen daraus neue Energie. Auch andere Menschen können Sie durch Ihre Visionen revitalisieren. Häufig interessieren sich Ihre Mitmenschen für Ihre Visionen und lassen sich auf diese Weise ihren Blickwinkel erweitern und neue Perspektiven eröffnen. Machen Sie von dieser Möglichkeit Gebrauch. Üben Sie. Wählen Sie Ihre Worte sorgfältig und zeichnen Sie Ihr Bild von der Zukunft so plastisch wie möglich. Andere Menschen werden Ihnen für die Hoffnung, die Sie in ihr Leben tragen, dankbar sein.

Und so sprechen Menschen mit einem ausgeprägten Talent im Bereich Zukunftsorientierung über sich:

Dan F., Angestellter der Schulverwaltung: »In jeder Situation bin ich derjenige, der sagt: ›Haben Sie jemals daran gedacht ...? Ich frage mich, ob wir ... Ich glaube nicht, dass es nicht gemacht werden könnte. Es ist einfach so, dass es noch niemand bisher gemacht hat ... Lassen Sie uns überlegen, wie wir es machen.‹ Ich suche immer nach Alternativen, nach Wegen, nicht im Status quo stecken zu bleiben. Tatsächlich gibt es so etwas wie den Status quo nicht. Man bewegt sich entweder vorwärts, oder man bewegt sich rückwärts. Das ist die Realität des Lebens, zumindest aus meiner Perspektive. Und gerade jetzt glaube ich, dass mein Berufsstand sich rückwärts bewegt. Staatliche Schulen werden im Service von Privatschulen, Stiftungsschulen, Hausunterricht, Online-Schulen überrundet. Wir müssen uns von unseren Traditionen befreien und eine neue Zukunft schaffen.«

Jan K., Internist: »Hier in der Mayo-Klinik gründen wir ein neues Team: Anstatt die Patienten während ihres Krankenhausaufenthaltes von einem Arzt zum anderen weiterzureichen, stelle ich mir eine Familie von Dienstleistern vor. Ich stelle mir 15 bis 20 Ärzte verschiedener Geschlechter und Ethnien mit 20 bis 25 Pflegekräften vor. Es wird vier oder fünf neue Krankenhausabteilungen geben, von denen die meisten mit Chirurgen arbeiten und operationsbegleitende Pflege ebenso leisten werden wie die Sorge für Pflegefälle. Wir definieren das Pflegemodell neu. Wir kümmern uns nicht nur um die Patienten, wenn sie im Krankenhaus sind. Wenn ein Patient wegen einer Knieprothese in das Krankenhaus kommt, wird ein Mitglied dieses neuen Teams vor der Operation mit ihm sprechen und ihn vom Tag der Operation an während seines Krankenhausaufenthaltes betreuen und dann wieder mit ihm sprechen, wenn er sechs Wochen später zur Nachsorge kommt. Wir wollen die Patienten mit einer vollständigen Pflegefolge versorgen, sodass sie sich bei den Überweisungen von Arzt zu Arzt nicht verloren fühlen. Und um die Finanzierung für dieses Projekt zu bekommen, sah ich im Geiste das detaillierte Bild vor mir und beschrieb es dem Vorstand der Abteilung. Ich glaube, da ich es so real erscheinen ließ, hatten sie keine andere Wahl, als mir die Mittel zu bewilligen.«

Handlungsideen

▶ Wählen Sie Positionen, in denen Sie Ihre Ideen über die Zukunft einbringen können. Zum Beispiel glänzen Sie vielleicht in unternehmerischen oder Start-up-Situationen.

▶ Nehmen Sie sich die Zeit, um über die Zukunft nachzudenken. Je mehr Zeit Sie damit verbringen, Ihre Ideen über die Zukunft zu betrachten, desto konkreter werden sie. Je konkreter Ihre Ideen sind, desto überzeugender werden Sie.

▶ Suchen Sie sich ein Publikum, das Ihre Ideen für die Zukunft zu schätzen weiß. Es wird erwarten, dass Sie diese Ideen verwirklichen, und diese Erwartungen werden Sie anspornen.

▶ Finden Sie einen Bekannten oder einen Kollegen, der auch ein ausgeprägtes Talent im Bereich Zukunftsorientierung hat. Halten Sie sich jeden Monat eine Stunde für »Zukunftsdiskussionen« frei. Sie können sich gegenseitig zu mehr Kreativität und Lebendigkeit anspornen.

▶ Tun Sie sich mit jemandem zusammen, der ein ausgeprägtes Talent im Bereich Tatkraft besitzt. Diese Person kann Sie daran erinnern, dass Sie die Zukunft nicht entdecken – Sie erschaffen sie mit den Handlungen, die Sie tagtäglich ausführen.

▶ Sie inspirieren andere mit Ihren Zukunftsbildern, dennoch ist Ihre Denkweise möglicherweise zu weitreichend für das Verständnis anderer. Wenn Sie Ihre Vision in Worte fassen, stellen Sie sicher, dass Sie die Zukunft mit lebendigen Wörtern und Metaphern beschreiben. Geben Sie Ihren Ideen und Strategien durch Skizzen, stufenweisen Handlungsplänen oder Modellen eine Gestalt, damit andere Ihr Vorhaben leicht nachvollziehen können.

▶ Umgeben Sie sich mit Menschen, die darauf erpicht sind, Ihre Vision umzusetzen. Ihr Talent im Bereich Zukunftsorientierung wird sie beflügeln, und Sie können ihre Energie nutzen, um die Vision Wirklichkeit werden zu lassen.

▶ Seien Sie darauf vorbereitet, logische Pläne und Abläufe für Ihre Gedankengänge im Bereich Zukunftsorientierung zu liefern. Ihre spannenden Visionen zukünftiger Erfolge kommen am besten an, wenn sie in realen Möglichkeiten verankert sind.

▶ Mit Ihrem Talent im Bereich Zukunftsorientierung könnten Sie als Leiter oder Coach für andere fungieren, denen es im Gegensatz zu Ihnen vielleicht schwerer fällt, über den Tellerrand hinauszublicken. Wenn Sie eine Vision davon haben, was jemand sein oder machen könnte, gehen Sie nicht davon aus, dass sich derjenige dieses Potenzials bewusst ist. Teilen Sie ihm das, was Sie sehen, so anschaulich wie möglich mit. Vielleicht inspirieren Sie jemanden dazu, sich weiterzuentwickeln.

▶ Es liegt in Ihrer Natur, über die Zukunft nachzudenken. Lesen Sie Artikel über Technologie, Wissenschaft und Forschung, um sich Kenntnisse zu erwerben, die Ihre Fantasie beflügeln.

Zusammenarbeit mit anderen Menschen mit einem ausgeprägten Talent im Bereich Zukunftsorientierung

▶ Behalten Sie im Hinterkopf, dass Menschen mit einem ausgeprägten Talent im Bereich Zukunftsorientierung für die Zukunft leben. Bitten Sie sie darum, ihre Vision mit Ihnen zu teilen – ihre Vision von ihrer Karriere, von der Organisation sowie vom Markt oder Marktumfeld im Allgemeinen.

▶ Regen Sie diese Menschen an, indem Sie häufig mit ihnen über das, was sein könnte, sprechen. Stellen Sie viele Fragen. Bewegen Sie sie dazu, die Zukunft, die sie sehen, so anschaulich wie möglich zu machen.

▶ Schicken Sie Menschen mit einem ausgeprägten Talent im Bereich Zukunftsorientierung alle Daten oder Artikel, die Sie finden, die sie interessieren könnten. Sie brauchen Wasser auf ihre futuristische Mühle.

Die Geschichte der CliftonStrengths

»Was würde passieren, wenn wir untersuchen würden,
was bei den Menschen **positiv** ist?«
Dr. Don Clifton (1924–2003)

Diese einfache Frage, die Don Clifton vor sechs Jahrzenten stellte, läutete die globale CliftonStrengths-Bewegung ein. Die Frage war für ihn von großer persönlicher Bedeutung.

Während des Zweiten Weltkriegs musste Clifton sein Talent im Bereich Mathematik unter Beweis stellen, als er bei der US-Army Air Force als Navigator mit B-24-Flugzeugen flog. Als sein Flugzeug die Azoren bei schlechtem Wetter überflog, geriet er vom Kurs ab.

Don hatte eine Vermutung, wie er eine Kurskorrektur vornehmen könnte, doch als er die Route mathematisch ausrechnete, musste er feststellen, dass er sich mit seinem Gefühl geirrt hatte. Dadurch lernte er, der Wissenschaft einen Vertrauensvorzug vor der persönlichen Intuition zu geben.

Don erhielt das Distinguished Flying Cross als Auszeichnung für sein Heldentum während seiner 25 erfolgreichen Bombenangriffe. Als er jedoch nach dem Zweiten Weltkrieg nach Hause kam, wollte er keinen Krieg und keine Zerstörung mehr sehen. Er wollte den Rest seines Lebens damit verbringen, Gutes für die Menschheit zu tun.

Dieser Wunsch entfachte sein leidenschaftliches Interesse dafür, die menschliche Entwicklung auf andere Art zu untersuchen – indem er herausfinden wollte, welche *positiven* Eigenschaften die Menschen besaßen. »Als ich in Psychologie promovierte, wurde mir bewusst, dass Psychologen in der Vergangenheit sich nur darauf konzentriert hatten, was bei den Menschen nicht stimmte, statt herauszufinden, was gut funktionierte«, erläuterte Don. »Mir wurde klar, dass Menschen zu häufig anhand ihrer Probleme und ihrer Schwächen charakterisiert worden waren, anstatt anhand ihrer Talente. Diese Erkenntnis zeigte mir, dass ich erfolgreiche Menschen untersuchen musste. Um die Unterschiede in jeder Berufsgruppe zu ermitteln, musste ich die erfolgreichen Akteure untersuchen.«

Im Jahr 1949 gründeten Clifton und seine Kollegen die Nebraska Human Resources Research Foundation, eine Stiftung an der Universität von Nebraska. Studierende leisteten bei der Stiftung gemeinnützige Arbeit, während Doktoranden die Stiftung als Labor nutzten, um stärkenorientierte Psychologie zu erforschen. Don, seine Studenten und seine Kollegen entdeckten, dass erfolgreiche Studierende – jene, die ihr Studium auch abschlossen – ganz andere Charakterzüge als weniger erfolgreiche aufwiesen.

Diese anfänglichen Entdeckungen über erfolgreiche Menschen warfen andere Hypothesen auf. Don und seine Kollegen fingen an, erfolgreiche Beratungslehrer, Lehrer, Vertriebsangestellte und Manager zu untersuchen. Dabei entdeckte Don, dass erfolgreiche Menschen gewisse Gemeinsamkeiten hinsichtlich ihrer Charakterzüge aufwiesen. Er nannte diese Tendenzen »sich natürlich wiederholende Gedanken-, Gefühls- oder Verhaltensmuster, die effizient angewandt werden können«.

Don wollte universelle und dennoch praktische Charakterzüge herausfinden, die auf künftige Hochleistungsergebnisse hindeuten konnten. Ferner wollte er die Tendenzen ermitteln, die in jedem Individuum einzigartig waren, aber die durch Übung zu Stärken entwickelt werden könnten. Mit dieser Arbeit bezweckte er, Konversationen mit Probanden dafür zu nutzen, dass Menschen ein besseres Verständnis nicht nur dafür bekommen konnten, wer sie sind – sondern auch dafür, was sie werden könnten.

Dr. Clifton entwickelte Hunderte Vorsageinstrumente, die Höchstleistungskandidaten für spezifische Stellen innerhalb der einzigartigen Kultur einer Organisation identifizierten. Diese wissenschaftlich validierten Instrumente entdeckten die Talente, die sich am besten für die entsprechende Stelle in einem bestimmten Unternehmen eigneten. Aber etwas fehlte noch. Die Fähigkeit, ein großes Talent für eine Organisation zu erkennen, brachte den Einzelnen manchmal keinen Nutzen.

Mitte der 1990er Jahre entwickelte Clifton deshalb ein Bewertungssystem, das die spezifischen Charakterzüge dieser Individuen identifizierte und einen Leitfaden für die Entwicklung dieser Charakterzüge bereithielt. Er nannte diese Charakterzüge »Stärken«.

Auf dem Weg zur Schaffung jenes Bewertungssystems, das das CliftonStrengths Assessment wurde, traf sich Don mit mehreren Akademikern und Forscherkollegen. Die womöglich bedeutendste Zusammenarbeit fand mit dem Harvard-Psychologieprofessor Phil Stone statt. Dr. Stone galt als Wunderkind, der sein Studium an der University of Chicago im Alter von 15 aufnahm und zwei Doktortitel bis zu seinem 24. Lebensjahr erwarb. Er lehrte 39 Jahre lang Psychologie an der Harvard University. Zusätzlich zu seiner Leidenschaft für die Sozialwissenschaften setzte sich Dr. Stone auch für eine kürzlich entdeckte Technologie namens »Internet« ein. Dr. Stone gab Dr. Clifton zwei Empfehlungen: Er sollte ein Assessment für das kommende digitale Zeitalter entwickeln und einen modifizierten ipsativen Bewertungsalgorithmus verwenden, anstatt der üblichen normativen Bewertungsmethoden wie beispielsweise die Likertskala (1–5) oder die Mehrfachauswahl. Ipsative Bewertungen bitten einen Befragten, eine Wahl zwischen zwei sozial wünschenswerten Ergebnissen zu treffen. Die Bewertung beruht auf der Annahme, dass Individuen in der Praxis häufiger vor die Wahl zwischen mehreren positiven Alternativen gestellt werden – zum Beispiel zwischen »ich organisiere« und »ich analysiere«.

Ipsative Bewertungen eignen sich insbesondere für die Ermittlung von zwischenmenschlichen Eigenschaften – sie vermindern den Störfaktor der sozialen Erwünschtheit, das sogenannte »Gaming«, das bei vielen normativen Bewertungen auftreten kann.

Zu den ersten Nutzern der Bewertung, die als CliftonStrengths Assessment bekannt werden sollte, gehörten Psychologiestudenten an der Harvard University, die das Assessment durchführten und Feedback zu Talentthemen und Talentthemenbeschreibungen lieferten.

Im Jahr 1997 entwickelten Clifton und Stone ein Arbeitsbuch mit dem Titel *Corner of the Sky*, das Stone in seinen Vorlesungen an der Harvard University verwendete. Somit begann der Einfluss der

»Stärken« an US-amerikanischen Universitäten und die Bewegung der positiven Psychologie wurde eingeläutet.

An der Westküste der USA interessierte sich Dr. Edward »Chip« Anderson, Soziologe an der UCLA, für Dons Forschungen. Im Jahr 1998 entwickelten Clifton und Anderson »Soaring With Your Strengths«, einen Ergänzungskurs für Studenten an der UCLA. Diese frühe Fassung diente als Basis für das bahnbrechende Buch *StrengthsQuest: Discover and Develop Your Strengths in Academics, Career, and Beyond.*

Ein weiteres wichtiges Mitglied im Forschungs- und Entwicklungsteam Dons war Gallup-IT-Spezialist Jon Conradt. Jon arbeitete eng mit Don zusammen, um die digitale Plattform und den Bewertungsalgorithmus des Assessments zu entwickeln. Der ursprüngliche Code bildet noch immer den Großteil der Grundstruktur der heutigen CliftonStrengths Technologie.

Don fasste all diese Forschungsergebnisse in den ursprünglichen 34 Talentthemen zusammen, woraus StrengthsFinder und anschließend CliftonStrengths wurde.

Die Arbeit Cliftons hat Bücher inspiriert, die von Millionen Menschen weltweit gelesen werden, darunter *Soar With Your Strengths*, welches Don zusammen mit Paula Nelson veröffentlicht hat; *Strengths Based Leadership* von Tom Rath und Barry Conchie; »*How Full Is Your Bucket?*« von Don und Tom Rath; »*Now, Discover Your Strengths*«, welches Don zusammen mit Marcus Buckingham veröffentlicht hat; »*CliftonStrengths for Students*« von Tom Matson und »*StrengthsFinder 2.0*« von Tom Rath, das zu den meist verkauften Wirtschaftsbüchern aller Zeiten gehört.

Gegen Ende seines Lebens erhielt Don die Auszeichnung »Presidential Commendation« von der American Psychological Association in Anerkennung seiner Verdienste als Begründer der stärkenorientierten Psychologie. Als er vom Zweiten Weltkrieg zurückkehrte, machte Dr. Clifton es sich zur Mission, einen wichtigen Beitrag zur menschlichen Entwicklung zu leisten. Derzeit haben bereits mehr als 21 Million Menschen ihre CliftonStrengths entdeckt.

Don hat die Welt verändert.

Über Gallup

Gallup ist ein global führendes Unternehmen, das Führungskräften Analyse-, Beratungs- und Entwicklungsansätze als Hilfestellung anbietet, um die größten Probleme ihrer Unternehmen zu lösen. Gallup kennt sehr genau die Einstellung von Arbeitnehmenden, Studierenden und Bürgern weltweit und bietet Lösungen für Transformationen und Dienstleistungen auf vielen Gebieten an, darunter: Kulturwandel, Führungskräfteentwicklung, Managerentwicklung, Stärkeorientiertes Coaching und stärkeorientierte Kultur, Strategien für organisches Wachstum, Boss-to-coach-Software-Tools, Gewinnung und Einstellung von Teammitgliedern, Nachfolgeplanung, Performance-Managementsystem und -ratings, Leistungsmetriken, Mangelreduzierung und Sicherheitsrisiken, Beurteilung interner Programme, Mitarbeiterengagement und -erfahrung, Prädiktive Einstellungsbewertungen, Loyalitätsprognostizierung, Bildung Agiler Teams, Kundenerlebnis optimieren (B2B), Vielfalt und Integration, Wohlfühlinitiativen.

Ihr Zugang zum CliftonStrengths® Assessment:
Um den Onlinetest zu starten, gehen Sie bitte
im Internet zur folgenden Adresse

press.gallup.com/code/de/sf2

und folgen Sie der Anleitung.

Der im Buch enthaltene individuelle Code
kann nur einmal verwendet werden.
Sie finden ihn hinten auf der Innenseite des Buchdeckels.